Theo Schoenaker

Leben beginnt mit Loslassen

Antonia gewidmet

Theo Schoenaker

Leben beginnt

Eine Novelle

mit Loslassen

Zum Neubeginn

RDI-Verlag
36391 Sinntal-Züntersbach

Die Deutsche Bibliothek - CIP-Einheitsaufnahme

Schoenaker, Theo:
Leben beginnt mit Loslassen : eine Novelle zum Neubeginn / Theo Schoenaker. - Orig.-Ausg., 1. Aufl. - Sinntal : RDI-Verl., 1998
ISBN 3-932708-07-5

Theo Schoenaker
Leben beginnt mit Loslassen
Eine Novelle zum Neubeginn

Originalausgabe

3. Auflage 2002

Druck und Bindung: Beltz, Weinheim
Umschlaggestaltung: Peter Spiegel, Stuttgart
Umschlagbild: Silvia Schneider-Uhler, Mosbach

ISBN 3-932708-07-5

Inhalt

Sich verabschieden

Wer weiß, ob das gut ist
oder schlecht?

...Und was jetzt? Das ist die Frage.

Susanne kommt nach Hause. »Ist Gerhard schon weg?«, fragt sie.
»Er hat sich gerade verabschiedet«, sagt Herta, ihre Mutter, mit einer von Traurigkeit belegten Stimme.
»Oh«, sagt Susanne, mit etwas Mitgefühl. Lieber hätte sie gesagt: »Gott sei Dank« und schämt sich fast für ihr Glücksgefühl.
Mutter sitzt da wie schwach und orientierungslos und schaut in die Ferne. Sie fühlt sich plötzlich so allein, wo ihr Sohn weggegangen ist. Zwei Jahre wird er in Kanada leben.
Vor fünf Jahren ist ihr Mann, Hans, gestorben. Gerhard war ihre Stütze und auch ihr Lieblingskind. Er konnte seinen Vater zwar nicht ersetzen, aber er war ihr mit seiner netten, helfenden Art doch ein Ausgleich. Er war immer für sie da.
Nicht, dass sie ohne Hans nicht zurechtgekommen ist. O doch! Sie ist im Grunde eine belesene, gebildete Frau mit einer anpackenden Art und der gleichen Schwäche für

Bücher, wie Gerhard. Sie war immer schon gerne mit ihren Büchern alleine. Sie hat ihren Beruf als Lehrerin ausgeübt bis sie heiratete und Hans' Geschäft mitgetragen hat. Nach seinem Tod stand sie alleine da. Ihre Freunde und Kontakte, so stellte sich bald heraus, waren seine Freunde und seine Kontakte. Zuerst kamen sie noch aus Höflichkeit, dann blieben sie weg.

Sie war nie sehr kontaktfreudig gewesen, hat Menschen eher als Stress erlebt. Ja, im Kontakt mit Menschen, die ihr nicht sehr vertraut sind, fühlt sie sich wie im Feindesland. Insbesondere in den letzten zwölf Jahren. Seit der Ehekrise.

So lebte sie für Gerhard und Susanne und gedanklich mit Hans. Sie sieht ihn vor sich, hört ihn in sich reden und macht Entscheidungen von seinen Vorstellungen abhängig. Sie hat ihn und seine Sachen nicht losgelassen, sich nicht von ihm verabschiedet. Sie trägt seinen Ehering, schläft noch im Ehedoppelbett und in jedem Zimmer steht oder hängt ein Foto von oder mit ihm. Seine Pfeife liegt noch auf dem Aschenbecher. Es gab noch keinen Neubeginn.

Gerhard steht in der Sonne vor dem Flughafen, wo er gerade das Taxi verlassen hat. Er

hat Mutter gebeten, ihn nicht zu begleiten. Er hat sich verabschiedet. Das fiel ihm nicht leicht, wegen der Reaktion seiner Mutter. Er wollte sie ja nicht traurig machen.
»Ruf mich an, wenn du gelandet bist«, waren ihre letzten Worte.
Aber jetzt hat er das hinter sich. »So, das war das.« Mit einem Ruck dreht er sich um, schleppt seine beiden Koffer hinter sich her und sagt laut, ohne sich um andere zu kümmern, mit klarer Stimme: »Auf, in die neue Welt!«
Vancouver. Er hat ein Stipendium für zwei Jahre. Er ist ehrgeizig und will ein erfolgreicher Physiker werden. Damit hat er eine Antwort auf die Frage: "...und was jetzt?" *Er hat ein Ziel.* Er wird seiner Mutter schreiben und sie anrufen, aber er hängt nicht mehr an ihr, meint er. *Was vor ihm liegt, ist ihm wichtiger.* Ob er darüber ein schlechtes Gewissen haben soll? Es kümmert ihn jetzt nicht. Was vor ihm liegt, begeistert und beflügelt ihn. *So kann er, was war, gut loslassen.*

Susanne wurde im achten Monat geboren. Es war, als wollte sie schnell heraus, sich schnell aus dem Leben in der Gebärmutter verabschieden und das neue Leben anpacken. Su-

sanne wurde ein fröhliches, zielstrebiges Kind mit vielen Freunden, sozialen Fähigkeiten und Aufgaben. Geradeaus und immer um Klarheit bemüht. Das genaue Gegenteil von Gerhard, der eher vorsichtig, zurückhaltend ist. Ein Einzelgänger. Das würde er zwar nicht unkommentiert stehen lassen, aber Susanne sieht das so. Sie konnte nicht soviele Einser im Zeugnis schaffen, aber dafür war sie außer Haus beliebter als Gerhard. Vater hat das geschätzt. Der war auch so wie sie. Aber bei Mutter hatte sie neben Gerhard nie einen Platz. Das hat sie wohl als Kind schon aus dem Haus getrieben. Mutter hat es nie verheimlicht, dass sie Gerhard sehr lieb hatte. Susanne hat ihn nie gemocht. Ja, sie war eifersüchtig. Das wurde schlimmer, als sie Vater verlor und sich in der Familie plötzlich wie allein vorkam. Der Verlust hat aber auch ihre Eigenständigkeit gefördert. Sie hat viel geweint, war wütend und traurig, dass er sie verlassen hat. Aber sie hatte kurz danach schon einen festen Freund, der zu ihr hielt. Er war ihr eine gute Stütze in der ersten Zeit.
Oft denkt sie liebevoll an Vater. Sie hat es akzeptiert. Das Leben bietet soviel Interessantes! Aber dass Gerhard so'n großen Platz und eindeutig Mutters Liebe hat..., das, so hat sie

lange gedacht, macht ihr nicht mehr all zuviel aus. Jetzt ist er weg, und sie fühlt sich so merkwürdig glücklich. Es hat ihr anscheinend doch viel ausgemacht.
Vor einer Stunde hatte sie sich schon in ihrer leichten fröhlichen Art kurz von ihrem Bruder verabschiedet und hat dann noch eine Freundin besucht. Jetzt ist er weg. Gott sei Dank. Das war das! ...und was jetzt?
Ihr fällt die Antwort darauf nicht schwer und das Loslassen auch nicht. Sie führt schon seit einiger Zeit ein eigenständiges Leben. Und sie wird bald heiraten.

Mutter schaut noch schwach und orientierungslos in die Ferne. Susanne geht auf sie zu, legt ihren Arm um ihre Schultern und sagt: »Sieh Mutti, die Sonne scheint, lass uns einen Spaziergang machen.«
Mutter schaut traurig, aber dankbar hoch und sagt: »Das ist eine gute Idee, mein Kind.« Während des Spazierganges spricht sie, wie immer, von Gerhard, wie stolz sie ist, und schweigt dann wieder.
Nach einer Stunde zu Hause sagt Mutter entschieden: »Ich backe jetzt einen Kuchen.« Sie beantwortet damit ein "...und was jetzt?" und lenkt sich ab. Dadurch geht es ihr besser.

Der Prozess des Verabschiedens, des Loslassens wird noch dauern. Es fehlen ihr noch die größeren Ziele. Es fehlen ihr auch die Menschen. Sie hat nicht viel Vertrauen zu anderen, ist lieber zu Hause mit ihren Büchern und macht sich dort nützlich für die Kinder. Aber jetzt ist Gerhard weg. Der ist wie sie. Hat auch keine festen Freunde.
Unvermittelt fragt sie: »Kommst du morgen zu mir? Ich koche dir dein Lieblingsessen.«
In der Stimme liegt diese Schwingung, die zustande kommt, wenn man spricht und den Atem fast zurückhält. Sie vermittelt Susanne: "Wenn du nein sagst, bist du keine gute Tochter." Gerhard konnte dieser Schwingung nicht widerstehen. Aber Susanne wollte kein gutes Kind sein. Sie spürt die Gefahr, dass sie jetzt Gerhards Ersatz spielen soll. Gerade weil er immer gerne ein guter Junge sein wollte, konnte sie die Freiheit leben, die ihr so wichtig geworden ist.
Entschieden, mit fester Stimme und festem Blick, als wollte sie das Thema auf ewig geregelt wissen, sagt sie: »Nein. Morgen bin ich mit Jürgen unterwegs. Und übrigens, Gerhards Platz werde ich nicht einnehmen. Du hast jetzt die Chance zu lernen, dass du ohne Gerhard auch was wert bist und dass du auch

für andere Menschen als nur für deine Kinder etwas bedeuten kannst. Mutter, sei mir nicht böse. Ich meine, wir beide haben einen neuen Lebensabschnitt vor uns. Wenn du mich brauchst, werde ich für dich da sein, aber Gerhard werde ich nicht ersetzen. Du bist noch jung genug, um einen neuen Weg ohne Papa und ohne Gerhard zu gehen. Wenn du dabei meine Hilfe brauchst, will ich dir gerne helfen. Jetzt muss ich gehen.«
Sie umarmt die verdutzte Mutter und verlässt leicht und befreit das Haus.

In den Gesprächen, die Herta mit Susanne in den danach folgenden Monaten über sich, ihre Traurigkeit und Einsamkeit hat, sagt Susanne eines Tages:
»Mutter, wir drehen uns ständig im Kreis. Ich kann dir sagen, was ich will, aber es ist mir, als wolltest du es gar nicht verstehen. Eher glaube ich, du willst nur meine Anwesenheit und meine Aufmerksamkeit. Du solltest anfangen, etwas für dich zu tun und lernen, auf eigenen Füßen zu stehen. Ich kann dir weiter nicht helfen.«

Es ist Donnerstagnachmittag, 16.45 Uhr. Sie sitzt in Herrn Hansens Wartezimmer. Individualpsychologischer Berater ist er. Sie hat bis jetzt gar nicht gewusst, dass das ein Beruf ist. Um 17.00 Uhr hat sie einen ersten Termin. Was soll sie ihm sagen? Was wird er fragen? Sie nimmt sich vor zu sagen: "Herr Hansen, ich habe vor fünf Jahren meinen Mann verloren und vor kurzem ist mein Sohn ausgezogen. Ich komme mit dem Alleinsein nicht gut zurecht. Meine Tochter hat mir empfohlen, sie aufzusuchen."

Es ist eine Mischung von Selbstmitleid und Entschiedenheit, einen Neubeginn zu machen. Das Selbstmitleid ist ein ungelöstes Knäuel: Erst Vater, dann Mutter verloren, dann Hans und jetzt Gerhard. In der Entschiedenheit weiß sie: "Ich werde jede Möglichkeit nutzen, hier weiterzukommen. Vielleicht ist es ganz gut so, dass ich hier angekommen bin."

Ihr Blick fällt auf einen in Edelholz eingerahmten handgeschriebenen Text an der Wand. Die fettgedruckte Überschrift:

"Wer weiß, ob das gut ist oder schlecht"

»Da war ein alter chinesischer Bauer. Er hatte ein Stück Land, ein Pferd und einen Sohn. Das Land brachte ihm wenig Ernte, aber er konnte mit harter Arbeit, mit Hilfe seines Sohnes, davon leben.

Eines Tages lief ihm das Pferd weg.

Die Nachbarn kamen und bemitleideten ihn.
Der Bauer schaute nachdenklich an die Decke und sagte: "Wer weiß, ob das gut ist oder schlecht."
Eines Tages kam das Pferd zurück mit einer Herde wilder Pferde.
Die Nachbarn kamen und gratulierten ihm.
Der Bauer schaute nachdenklich an die Decke und sagte: "Wer weiß, ob das gut ist oder schlecht."
Eines Tages war der Sohn dabei, eines der wilden Pferde zuzureiten. Das Pferd warf ihn ab und er brach ein Bein. Er konnte den Acker nicht mehr bearbeiten.
Die Nachbarn kamen und bemitleideten den alten Bauer.
Dieser schaute nachdenklich an die Decke und sagte: "Wer weiß, ob das gut ist oder schlecht."
Eines Tages, kurz danach, mussten alle jungen Männer in den Krieg ziehen. Nur der Sohn nicht, der mit seinem gebrochenen Bein danieder lag.«

Sie schmunzelt und denkt: »Man weiß, nie, ob etwas gut ist oder schlecht, Ende oder Neubeginn, Chance oder Katastrophe ist.

Herr Hansen macht's ihr leicht. Er ist ein guter Zuhörer, er hat Humor und braucht nicht viel Information, um zu verstehen, worum es geht. Sie kommen bald bei den Themen Abschied und Loslassen an. Er führt zwar das Gespräch und sorgt, dass sie beim Thema bleiben, aber die Atmosphäre ist so ermutigend, dass Herta sich bald als gleichwertige Gesprächspartnerin fühlt. So stellt sie gemeinsam mit ihm in einigen Sitzungen Überlegungen an, die sie nachher, so wie sie sie verstanden hat, in ihr Tagebuch einträgt. Es kommen ihr dann oft noch neue Gedanken. Sie ist fest entschlossen, ihre Sache gut zu machen.

Ihre Eintragungen nach einigen Beratungsstunden lauten:

»Sich verabschieden ist unlöslich mit dem Leben verbunden. Es gibt nur ein konstruktives Weitergehen, wenn wir das, was war, loslassen.

Das tun wir ja auch, ein Leben lang. Wir verabschieden uns von heute und begrüßen als Neubeginn den nächsten Tag. Wir verabschieden uns vom Urlaubsort und packen unsere normalen Tätigkeiten wieder an. Wir verabschieden uns von der Zweisamkeit in der Partnerschaft, wenn das erste Kind geboren wird. Der Neubeginn heißt Familie.

Hat uns die hinter uns liegende Situation oder Beziehung so viel bedeutet, dass wir daran hängenbleiben wollen, dann lassen wir nicht los. Es gibt keinen Neubeginn. Und trotzdem... die Zeit ist vorbei. Wir können die neue Situation begrüßen oder nicht... die alte ist vorbei.
Wir verabschieden uns – gerne oder nicht – von der jugendlichen Schönheit beim Älterwerden und von unserer Gesundheit, wenn eine chronische Krankheit auftritt. Wir werden zum Abschiednehmen gezwungen. Dazu ist der Lauf des Lebens da.
In jedem Abschied wohnt ein Neubeginn. Der Schlüssel heißt: "...und was jetzt?" Benützen wir ihn nicht, dann bleiben wir in der Orientierungslosigkeit.
Man darf keine halben Sachen machen beim Abschiednehmen. *Wer nicht loslässt, kommt in die Krise.* Man kann nicht festhalten, was es nicht mehr gibt. Menschliche Beziehungen, den Arbeitsplatz, die Studentenrolle, die Anerkennung, die Bindung an die Kinder, ... Wir können das alles nicht halten. Es ist im Strom des Lebens, verändert sich und geht vorbei.
Jasagen zur Chance der nächsten Minute. Das ist Loslassen und Neubeginn zugleich.«

Gerade wollte sie schreiben: »Keine Partnerschaft festhalten, die vorbei ist.« Ihr Füller stockt. Sie legt ihn hin und kaut auf ihrer Unterlippe. Bei dem Satz "Keine Partnerschaft festhalten, die vorbei ist", sah sie Hans vor sich. Bevor sich sein Bild verdeutlichen konnte, schob sich Iris davor. Iris ist die Tochter ihrer Nachbarin.
Sie wundert sich, wie der Mensch die Richtung seines Denkens so geschickt ändern kann, dass er sich mit dem, was Konsequenzen hätte, nicht beschäftigen muss, nämlich mit sich selbst.
Iris' langjähriger Freund hat eine andere Freundin. Iris wohnt jetzt schon vier Jahre in demselben Haus, zwei Stockwerke tiefer und schaut immer mal wieder bei ihrem "Ex" – wie sie ihn nennt – vorbei. Sie sagt, sie wüsste, dass die Beziehung zu Ende sei, aber sie fühle sich verantwortlich dafür, dass es ihm gut geht. Auch er kommt mal runter, wenn er Probleme hat. Das tut ihr gut, und fair, wie sie ist, spricht sie immer zugunsten seiner neuen Partnerin. Sie will gut sein und helfen und meint, wenn sie wegziehen würde, könnte er unglücklich werden. So ist Iris gefangen im Gefängnis der Vergangenheit und ihrem Gutsein-wollen. Ob sie das unbewusst so arran-

giert, aus Angst vor einer eigenen Selbständigkeit und einer neuen Partnerschaft? Aus Angst vor einem Neubeginn?
Jetzt kommen ihr leichte Vermutungen, dass sie selbst mit ihrem Mann etwas Ähnliches macht. Sie macht ja im Grunde auch halbe Sachen. Mit dem Ehe-Doppelbett, mit den Anzügen ihres Mannes im Schrank, mit den beiden Eheringen am Finger, mit seiner Pfeife. Sie hält ja auch fest, was vorbei ist!

Zum dritten Mal ist sie jetzt bei Herrn Hansen. Er hat eine gute Art, immer wieder ihre Fortschritte anzuerkennen. Sie fühlt sich ernst genommen und das baut sie ungemein auf. Mit seinen Fragen regt er sie an, sich zu dem Thema Abschiednehmen Gedanken zu machen, die über ihre eigene Situation hinausgehen und Antworten zu finden.
Nach der dritten Beratungsstunde schreibt sie:
»Wie ist das mit den vielen Menschen, die durch die Wirren der Zeit oder freiwillig ihr Land verlassen und als *"Ausländer"* in einem anderen Land leben müssen? Das Prinzip ist doch das gleiche.
Sich verabschieden heißt, die Trauerphase der Orientierungslosigkeit behutsam beenden, indem man nach Antworten auf die Frage

"...und was jetzt?" sucht. Neue Ziele stecken. Jetzt die neue Sprache und die Schrift erlernen, sich für die andere Kultur interessieren, Freundschaften schließen, sich integrieren, Austausch. Das sind Ziele. Das sind die Chancen. Das ist Neubeginn. In so einem Neubeginn können eigene kulturelle und religiöse Bräuche trotzdem beibehalten bleiben, aber für ein Ghettoleben ist da kein Platz.
Der langjährige *Junggeselle* soll so viel wie es geht aus seinem Junggesellenleben mit herübernehmen in die Ehe, aber nicht an der Freiheit, der Eigenwilligkeit seiner Vergangenheit kleben. Keine halben Sachen.«
Wieder legt sie ihren Füller hin, die Unterlippe zwischen den Zähnen. Ihre rechte Hand berührt ihre kühle Stirn. Im gleichen Moment setzt sie ihren Ellbogen auf. Sie rutscht mit der Tischdecke – ein Erbstück ihrer Mutter – auf der glatten Tischplatte aus. Die Decke wölbt sich und saugt Tinte aus der Feder ihres Füllers auf. Sie ärgert sich, so wie sie sich ärgerte, wenn Hans Tabakkrümel oder Asche aus der Pfeife auf dieser Tischdecke rumliegen ließ. Diesmal aber nur kurz. Sie denkt mit einem Lächeln an den chinesischen Bauer und seine Gelassenheit. "Wer weiß, ob das gut ist oder schlecht". Sie lässt den Fleck jetzt

erst mal Fleck sein und fühlt, dass sie sich verändert. Ob das gut ist oder schlecht?
Sie nimmt einen Keks aus der gut gefüllten Dose und denkt an Gerhard, den Junggesellen. »Was der wohl alles loslassen und üben müsste, wenn er eine Freundin fände? Ich kann's mir kaum vorstellen. Der heiratet die Wissenschaft. Aber angenommen, er würde. Er müsste wie jeder Junggeselle lernen sich festzulegen, Verbindlichkeiten zu leben und großzügig zu teilen – auch Zeit und Gedanken. Er müsste lernen, vertrauensvoll über sich zu sprechen und sich fallen zu lassen. Das wären seine Chancen. Das könnten seine Ziele sein. So wäre ein Neubeginn möglich.
Der Pensionierte? Die Wichtigkeit, die Anerkennung, der Lebensrhythmus durch den Arbeitsplatz gegeben, sind vorbei. Er kann die Trauerphase der Orientierungslosigkeit mit neuen Zielen verkürzen. Es gibt so viel Interessantes, wofür man nie Zeit hatte. Computer? Garten? Reisen? Lesen? Handwerkliches? Geistige Werte? Und... und... Das Loslassen braucht neue Ziele.«

Das Loslassen, das fällt ihr so schwer, sie erkennt es, weil sie trotz ihrer äußeren Stärke und ihrer anpackenden Art nicht gut alleine sein kann. Sie ist im Grunde nicht eigenständig. Sie hat so früh geheiratet und Hans, ja, er war ihre Stütze. Er war öfters im Ausland, aber das machte ihr nichts aus. Sie kam gut zurecht an dieser langen Leine. Aber doch war er es, durch den sie lebte und Wertgefühl hatte. Er war so erfolgreich im Beruf. Überall, wo er sich mit ihr zeigte, fand sie Anerkennung. Wegen ihm, als seine Ehefrau. Nach seinem Tod war's Gerhard, der irgendwie seinen Platz einnahm.

Ja, *loslassen,* so versteht sie, *ist umso leichter, je eigenständiger man ist.* Den Satz sagt sie nochmal und merkt, dass sie schon eine Weile nicht mehr schreibt. Sie holt es schnell nach. »Loslassen ist umso leichter, je eigenständiger man ist.« Sie spürt Kampfeslust in sich und steht plötzlich auf den Füßen, Hände in den Hüften und sagt: »Das krieg ich hin! Als Kind und Jugendliche war ich nicht sehr kontaktfreudig, aber so unselbständig wie in den letzten zwanzig Jahren war ich früher nicht. Ich hab erst durch die Ehe und dann durch Gerhards Fürsorge viel an Eigenständigkeit verloren.« Sie setzt sich wieder und schreibt hastiger als vorher:

»Ich glaube, es vollzieht sich eine Wende in meinem Leben. Ich spüre mehr Selbstvertrauen, und Menschen mit Selbstvertrauen können das Gewicht in sich selbst verlagern. Der Abhängige verlagert sein Gewicht nach außen. Er findet sein Gleichgewicht in einer Stütze außerhalb seiner selbst. Partner, Kinder oder auch in der Bedeutung durch den Arbeitsplatz oder Geld. Fällt die Stütze weg, ist das Gleichgewicht ernsthaft gefährdet. Traurigkeit, Wut, Verlassenheit, Orientierungslosigkeit bestimmen dann das Leben. So war es jedenfalls bei mir.

Diese Zeit kann natürlich zur Findung neuer Wege sehr gut sein. Die Trennung, der Verlust will verschmerzt werden. Aber die Wachstumschance liegt in: Lern, auf eigenen Füßen zu stehen. Lern, das Gewicht in dich zu verlagern, dann kannst du Krücken wegwerfen. *Das ist ein Weg der Selbsterkenntnis und der ständigen Selbstermutigung.* Dabei geht es um Anerkennung kleiner Fortschritte und Beendigung des Selbstmitleids.

Wer nicht auf eigenen Füßen stehen kann, der wird vom Leben bestraft. Er wird auf Dauer auch dem Starken zur Last. Ob Gerhard vielleicht froh ist, dass er zwei Jahre ohne mich leben kann? Ich erwartete ja von ihm, dass er mir gab, was ich nicht gelernt hatte, mir selbst zu geben: Zufriedenheit, Sicherheit,

Aufmerksamkeit, Wertgefühl und... In solchen Beziehungen geht die Gleichwertigkeit verloren. Der Abhängige ist unten, der Starke oben. Oder war ich als Abhängige oben und zog an den Fäden des Hampelmannes?
Ich gebe es nicht gerne zu, aber ich habe Hans auch manipuliert mit meiner Menschenscheu. Habe ihn immer wieder vorgeschoben, ihm alle Verantwortung überlassen und ihn noch kritisiert, wenn etwas schief ging. Ich war ja nie schuld. Ja, anpacken kann ich schon, wenn ich weiß, wo's langgeht. Aber eigene Initiativen? Das war nie meine Stärke. Auch nicht in der sexuellen Beziehung. Eher abwartend, eher passiv. Es machte mir wenig Spaß. Ich muss mal mit Herrn Hansen darüber sprechen.«

Sie lernt in der Beratung, dass die Art, wie wir normalerweise leben (der Lebensstil), dass wir diese Art auch in der sexuellen Beziehung leben. Sind wir im Leben eher passiv, dann verhalten wir uns auch in der sexuellen Beziehung passiv. Sind wir im Leben eher herrschend, dann kommt dieser Charakterzug auch in der sexuellen Beziehung durch. Das verlangt dann einen eher unterwürfigen Partner. Will man im täglichen Leben anderen gefallen, dann ist man auch in der sexuellen Beziehung darauf aus und hat ständig das Wohl des anderen im Auge und verpasst den eigenen Orgasmus usw. Sie kommt jetzt erst dazu, sich zu fragen, was das für Hans, ihren Mann, bedeutet hat.

Es tun sich ihr viele neue Welten der Erkenntnis auf. Zumal Herr Hansen nicht nur zum Nachdenken über Inhalte und Zusammenhänge anregt. Er macht auch Vorschläge für ganz praktische Übungen, damit Erkenntnisse zu Erfahrungen werden. Da sind z.B. die erstrebenswerten Qualitäten[1]. Es geht dabei um die Entwicklung von sozialen Fähigkeiten wie Interesse zeigen und zuhören. Auch die Nähe zu Menschen suchen und ausprobieren, wie ein freundlicher Blick und eine freundliche Stimme auf andere und auf einen selbst wirken.
Durch die Anwendung dieser Qualitäten verringert sich allmählich ihre Angst vor Menschen. Sie wird selbstbewusster in der Kontaktaufnahme und trifft sich öfter mit anderen Frauen. Sie fängt an, sich selbst zu mögen und sie findet, dass sie gut aussieht. Sie redet anders, – freundlicher, wohlwollender – mit

[1] Schoenaker, Theo: "Mut tut gut"

sich und lernt viel über Ermutigung. Einiges kann sie mit Susanne besprechen. Sie versteht viel und hat gute Ideen dazu.

Eines Tages – es ist schon wieder Mittwoch – pünktlich um 19.00 Uhr klingelt das Telefon. Es ist Gerhard. Zwölf Monate sind seit seiner Abreise vergangen. Zwölf Monate hat er jeden Mittwochabend um 19.00 Uhr angerufen. Herta hat gelernt, ihn als eigenständigen erwachsenen Mann zu schätzen. In den letzten zwei Monaten merkt sie, dass er immer eindringlicher fragt: "Mutter, geht's Dir gut?" Sie bekommt manchmal das Gefühl, dass er es lieber hätte, wenn es ihr nicht so gut ginge.
An diesem Abend hat sie den Mut, zu sagen: »Gerhard, du rufst jetzt schon ein Jahr lang jeden Mittwoch um 19.00 Uhr an. Dafür danke ich dir. Ich komme sehr gut zurecht und auch du hast mir dabei geholfen. Das werde ich dir nie vergessen. Ab heute brauchst du mich aber nicht mehr so regelmäßig anzurufen. Ich kann nicht mehr versprechen, dass ich in Zukunft immer zur selben Zeit da bin. Ich werde dich aber von mir aus öfters anrufen. Wenn du nicht da bist, probiere ich es zu einem anderen Zeitpunkt noch einmal.« Sie hält ihren Atem an, als wolle sie nichts von der Reaktion überhören.

Gerhard schnauft einmal und fragt unterdrückt aufgebracht: »Brauchst du mich nicht mehr? Geht es dir wirklich gut? Aus dem Auge, aus dem Sinn? Ich versteh dich nicht mehr, Mutter. Gehst du immer noch zu dem Herrn Hansen?«
»Hör mal, Gerhard«, sagt Herta, »die psychologischen Beratungen tun mir gut. Sie haben mir viele Erkenntnisse über mich gebracht, und ich werde allmählich mutiger und kontaktfähiger. Ich bin im Gesangverein und treffe mich mit anderen Frauen. Ich sehe vieles optimistischer. Ich liebe dich nach wie vor und werde mich sehr freuen, wenn ich dich wiedersehe. Ich habe nämlich vor, dich mal zu besuchen. Ich bin selbständiger geworden und will nochmal was von der Welt sehen. Damit will ich sagen: Du hast nach wie vor einen großen Platz in meinem Herzen, aber ich brauche dich nicht mehr. Ich denke viel und gut an dich, aber nicht mehr als die Quelle meines Selbstwertgefühls. Ich bin auch ohne Vater und ohne dich etwas wert. Wir beide müssen lernen loszulassen.«
Gerhard sagt, dass er das alles gut findet, aber nachdem er aufgelegt hat, fühlt er sich im Stich gelassen und merkt, dass jetzt er ein Problem hat, nämlich, seine Mutter loszulas-

sen. Das wird ihm jetzt erst klar. Am liebsten würde er das nächste Flugzeug nach Frankfurt nehmen. Aber er bleibt.
Herta und Susanne sprechen jetzt oft als Erwachsene über viele sehr persönliche Themen. Sie bereichern sich gegenseitig. Susanne ist jetzt gerne mit ihrer selbstbewussten Mutter zusammen. Sie sind wie Freundinnen, die voneinander lernen.
Eines Tages horcht Herta auf, als Susanne sagt: »Eigenständiger und erwachsener zu werden, wird leichter, wenn man die Opferrolle verlässt und nicht mehr die anderen oder die eigene Kindheit verantwortlich macht für die eigene Situation. *Bei Problemen mit anderen, immer die eigenen Anteile, die das Problem mitverursachten, anschauen. Die gegenwärtige Situation ist doch auch die Folge des eigenen Handelns.* Das gilt insbesondere für die Partnerschaft. Zugeben, dass man Fehler gemacht hat, dass man etwas nicht weiß, dass man verletzen wollte und auch erklären, warum. Herunter von dem hohen Ross der Überlegenheit, der Unantastbarkeit, des Recht-haben-wollens und des Sich-ungerecht-behandelt-fühlen-wollens. Verstehen, wie wir selbst die Reaktion des Partners auslösen. Dann fühlen wir uns nicht als Opfer, sondern

als erwachsene gleichwertige Partner.« Mutter guckt bewundernd herüber und denkt: »Ja, so gehen Jürgen und sie miteinander um. Ich hätte's gerne früher gewusst. Aber ich komm da auch noch hin.«

Von der Fähigkeit zu verzeihen

Eines Tages, als Herta wieder bei Herrn Hansen war – sie geht in größeren Abständen noch mal hin – kamen sie auf das Thema Verzeihen als Voraussetzung für Loslassen und Sichverabschieden. Ja, das ist noch ein Thema, das sie jetzt endlich anpacken will.

Ihre Sprachgewandtheit verlässt sie, als sie mit größeren Pausen erzählt:

»Ich fühle mich immer noch als Opfer, betrogen und tief verletzt. Einmal, vor etwa zwölf Jahren – ich weiß es noch genau, es war am 14. Februar – hatten Hans und ich einen Streit. Er hatte getrunken, was sehr selten vorkam. Er hat mich so erniedrigt, als er mich eine "tote Sexpuppe" nannte und mich verglichen hat mit einer anderen Frau, mit der er geschlafen habe. Gut, dass ich diese Frau nicht kenne. Ich spüre jetzt wieder das Gefühl von damals. Es ist mir, als wäre ich in der Mitte "durchgebrochen". Ich kann es auch jetzt noch nicht benennen, aber es war mir, als ginge mir in dem Moment das Wichtigste, was mich am Leben hielt, verloren.« Sie drückt mit ihrem Taschentuch unter ihren Augen, als wolle sie vermeiden, nachher verheult auszusehen. »Ich habe nicht mehr mit ihm gesprochen und wollte nie mehr mit ihm schlafen. Das hab ich zwar nicht durchgehalten, aber ich habe dabei immer die andere Frau vor mir gesehen. Die Frau, der ich "nicht das Wasser reichen könnte", wie Hans sagte. Unsere eheliche Beziehung wurde stiller und trauriger. Hans, der Fröhliche, kapselte sich immer mehr ab und wurde für seine Freunde und Bekannte zusehens uninteressanter. Schließlich zog er sich ganz zurück. Der Prozess vollzog sich über mehrere Jahre. Die Freude hatte unsere Ehe verlassen. Hans verlor das Interesse an der Arbeit. Er musste schließlich sein Geschäft aufgeben. Nach langen Krankheitsjahren starb er, wie Sie ja wissen, an Prostatakrebs. So, jetzt ist es raus«, sagt sie und fühlt sich irgendwie beschämt, aber freier.

Herr Hansen zeigt viel Verständnis. Sie bearbeiten das Thema Verzeihen.

Nach drei Sitzungen bereitet sie sich vor, ihre Erkenntnisse über dieses Thema aufzuschreiben. Der linke Ellbogen ruht auf der Tischplatte. Ihr Kopf ruht mit dem Kinn in der linken Hand. Sie schaut durchs Fenster auf die blauen Lücken in der sonst so schweren Wolkendecke. Ja, so malten die alten Holländer, wie Ruysdael und Hobbema.

Eigentlich hätte sie sich lieber ausführlich mit

Susanne über Verzeihen unterhalten, aber die ist neben ihrer Arbeit so mit ihren ehrenamtlichen sozialen Aufgaben beschäftigt. Die hat keine Zeit und außerdem hat sie gesagt: »Verzeihen? Damit hab ich keine Probleme. Ich mache die Dinge und was Menschen tun und sagen nicht so wichtig. Dann muss ich auch nichts verzeihen. Ich glaube, Mutter, du gräbst dich da in etwas hinein, was dir nicht viel bringt. Eine Freundin von mir, bei der Drogenberatung, die beschäftigt sich auch damit. Vielleicht willst du mit ihr sprechen. Sie heißt Julia.« Dabei blieb es dann.
»Gut«, denkt sie, »dass Susanne sich nicht für das Thema interessiert. Wie hätte ich ihr von ihrem Vater erzählen können. Sie hätte es wütend als Lüge betrachten müssen, oder es wäre ihr Idol von dem Sockel gestürzt. Gut, dass ich das Thema für mich alleine klären kann.«
Sie schreibt, als würde sie es für Susanne aufschreiben. Wie ein Kapitel für ihre Autobiographie:
»Ich habe über mich und das Thema Verzeihen folgendes verstanden: *Der Prozess und der Inhalt liegen im Wort selbst. Die Vorsilbe "ver" bedeutet vorbei oder weg; "zeihen" heißt beschuldigen oder anklagen.* Das ist es ge-

nau, wo Verzeihen hinführen soll: Weg, vorbei mit der Anklage. Wie einfach klingt das und wie logisch.

Hans hat mehrmals gebeten, ich möge ihm doch verzeihen, aber ich konnte nicht. Ich war so verletzt. Jetzt verstehe ich: Ich hätte schon gekonnt, aber ich wollte nicht. Ich wollte, dass er merkt, wie ich auf ihn herabschaue. Ich wollte ihm nicht verzeihen, ihn nicht freisprechen. Er durfte sich nicht gutfühlen. Schlechtfühlen sollte er sich. Ich wollte ihn nicht aus seiner Schuld entlassen. Mein Gott, ich hätte es gekonnt.

Wir spielen Ankläger und Richter über andere Menschen und machen uns wichtig. Wir selbst bestimmen den Grad der Schlechtigkeit des anderen. Tut er etwas Böses und ich mach's nicht so wichtig, dann ist er auch nur ein bisschen schlecht. Leide ich tief und lange, dann ist er sehr schlecht.

Ich habe mich aber so verletzt gefühlt. Mein Selbstvertrauen war schon nicht sehr stark. Das wusste er. Und dann hat er mir das bisschen Boden unter den Füßen auch noch weggezogen. Ja gut, er war betrunken, aber deshalb war die Wunde, die er geschlagen hat, nicht weniger tief und nicht weniger schmerzlich.

Absender:

____

____

____

E-Mail: __________________________

Adler-Dreikurs-Institut
Rudolf-Dreikurs-Weg 4-6

36391 Sinntal-Züntersbach

Ich bitte um folgende gratis Informationen:

- ☐ Präsentationsbroschüre des Adler-Dreikurs-Instituts
- ☐ Veranstaltungsprogramm für Therapie, Beratung und Ausbildung
- ☐ 2-monatlicher Encouraging-Newsletter
- ☐ Encouraging-Training (Adressen in meiner Nähe)
- ☐ Encouraging-Training für Eltern (Adressen in meiner Nähe)
- ☐ Encouraging-Training für Arbeit und Beruf (Adressen in meiner Nähe)
- ☐ Ausbildung zum/zur Encouraging-Trainer/in *Schoenaker-Konzept*®
- ☐ Literaturverzeichnis des RDI-Verlags
- ☐ Stottertherapie für Erwachsene
- ☐ Angebote des Schoenaker-Instituts im Saarland
- ☐ Angebote des Schoenaker-Instituts in Bayern

Adler-Dreikurs-Institut
Rudolf-Dreikurs-Weg 4-6; D-36391 Sinntal; Tel.: 09741-3130 Fax: 09741-1281
www.adler-dreikurs.de E-Mail: institut@adler-dreikurs.de

Mit meinem Groll hatte ich nun Macht über ihn. Mit meiner Verweigerung, mit ihm zu schlafen, freundlich zu ihm zu sein, ihn anzulächeln, selbst glücklich zu sein, kurz: mit meiner Verweigerung, ihm zu verzeihen, konnte ich mich rächen. Ich konnte ihn in seiner Schuld festhalten.

Ja, er hat sehr gelitten. Er hat mir auch leid getan. Aber auf ihn zugehen und verzeihen? Der Gedanke ist mir nie gekommen. Trotz meiner Minderwertigkeitsgefühle war ich ja jetzt die Stärkere. Ich hatte die Fäden in der Hand. Jetzt verstehe ich besser, dass Groll und Wut den Fluss der Liebe blockieren und dass *immer dann, wenn die Liebe nicht mehr fließt, es irgendwas zu verzeihen gibt.*

Wir haben ja beide so an meiner Verweigerungshaltung gelitten. Oft hab' ich mich schuldig gefühlt an der ganzen Situation. Ich hatte so ein vages Bewusstsein, dass ich für ihn von Anfang an ja auch nicht sehr interessant gewesen sein muss. Auch lag es mir wie Schuld im Magen, damals, als ich ihm nicht verzeihen wollte, dass er betrunken war.

Wir wurden zusammen so einsam. Mein Vertrauen war verloren. Das verkomplizierte mein tägliches Leben. Meine Wut verhinderte, dass ich wirklich Nähe zuließ, auch zu anderen

Menschen. Das war die Zeit, wo die Zahl unserer Freunde langsam weniger wurde. Ich wurde unsicherer, als würde ich erwarten, auch von allen anderen ungerecht behandelt zu werden. So war ich innerlich nie mehr offen für neue oder vertrauensvolle Kontakte.
Immer bereit zu flüchten. Immer angespannt. In mir war ich oft so schmerzlich leer und einsam.
O wie dankbar bin ich, dass ich das Thema angesprochen habe. *Nicht verzeihen wollen, heißt, den Schmerz festhalten wollen, lange, lange nachdem er auftrat; ja, wollen!* Sag nicht, ich kann nicht. Sag, ich will noch nicht. Mach dich nicht zum Opfer. Steh doch dazu, dass du selber der Schöpfer deiner Lebenssituation bist. Oh, jetzt bin ich plötzlich in die Du-Form gerutscht. Es ist mir, als würde ich zu Susanne sprechen.«
Sie kehrt bewusst wieder zu der Ich-Form zurück.
»Wenn ich vergeben will, muss ich offen sein für die Wahrheit. Die Wahrheit ist auch die Annahme meines eigenen Anteils. Wieviel einfacher ist es, Hans als den Bösen und mich als Opfer darzustellen. *Wieviel einfacher ist es doch, sich selbst mit Wut oder mit einer Opferhaltung leidend wichtig zu machen, als den*

Versuch anzustellen, die Dinge im richtigen Licht zu sehen und zum Frieden beizutragen.
Will ich die Wahrheit sehen, dann muss ich von meinem hohen Sockel der moralischen Überlegenheit herunter.
"Tote Sexpuppe" ist eine große Beleidigung, aber ich war ja auch immer passiv. Hab' ihn einfach machen lassen, als würde es mich nichts angehen. Und dann wundert es mich, dass er mal einen Seitensprung macht.
"Tote Sexpuppe" – Vielleicht hat es mich so tief verletzt, weil ich wusste, dass da was dran war.
Ich habe geglaubt: "Wenn man einen Mann hat, dann hat man ihn für ewig." Ich war gut zu ihm, aber ich hätte ja auch mehr tun können, um ihn immer wieder für mich zu gewinnen. Auf die Idee bin ich nie gekommen. Ich hätte etwas kreativer sein können. Es war alles so routinemäßig selbstverständlich. Er war ja auch kreativ, aufmerksam, unbeschwert und humorvoll zu mir. Vor der Krise und auch danach noch. Aber dann habe ich es nicht mehr annehmen wollen.
"Was blockiert nun den Fluss der Liebe, wenn wir verletzt oder/und wütend sind?", habe ich meinen Berater gefragt.
Er sagte: "Es sind unerfüllte Erwartungen, die

wir wichtig machen. Verzeihen heißt auch: Anspruch aufgeben. Den Anspruch nämlich, dass die Erwartungen hätten erfüllt werden sollen."

Er hat mir das mit einem einfachen Beispiel klar gemacht. Es sagt so viel aus über den Vorgang des Entstehens solcher Erwartungen/Ansprüche und auch darüber, wie diese, wenn nicht erfüllt, die Liebe blockieren. Er erzählte:

»Da ist ein Ehepaar. Sie sind am Samstag abend gemütlich zu zweit zusammen. Er liest, sie häkelt. Dann und wann wechseln sie ein paar Worte. Sie haben's schön und behaglich in der Wohnung. Er sagt: "Du Wilma, ich hole mal schnell noch Zigaretten", und geht. Sie denkt: "Ich mach schon mal den Abendtee", und geht in die Küche. Die Gaststätte, wo er seine Zigaretten holt, ist um die Ecke, fünf Minuten zu Fuß. Sie rechnet: "In einer Viertelstunde, zwanzig Minuten ist er wieder da". Den Tee hält sie warm, auf seinem Lieblingsstövchen. Noch etwas zum Knabbern dazu. "So!" Sie setzt sich wieder zum Häkeln hin und sieht, dass die Viertelstunde vorbei ist. Sie erwartet ihn. Nach zwanzig Minuten wird sie unruhig. "Ob er bald kommt? Hat er dort vielleicht Freunde getroffen und redet noch ein bisschen?" Nach fünfundzwanzig Minuten spricht sie halblaut in sich hinein: "Du bist bestimmt bei deinen Kumpels hängen geblieben und vergisst, dass ich hier auf dich warte. Interessiert es dich eigentlich, wie es mir geht? Ich komm' immer erst an dritter Stelle. Das war ja immer schon so. Nie hast du dich nur eine Spur um mich gekümmert. Immer gehst du deinen eigenen Weg und ich muss sehen, wie ich zurechtkomme. Jetzt lässt du mich wieder hängen. O, ich hasse dich dafür!"«

»Siehst du Susanne, so einfach ist es, den Fluss der Liebe zu blockieren, wenn man mit Erwartungen, mit Ansprüchen lebt. Verzeihen heißt auch den Anspruch aufgeben, die Erwartung fallenlassen. Das weiß Wilma auch. Das Beispiel meines Beraters geht so weiter«:

»"O, ich hasse dich dafür", hört sie sich sagen und erschrickt über ihre eigenen Worte. Sie ist zwar enttäuscht, aber hassen, das geht ihr doch zu weit. Sie setzt sich auf einen Stuhl und tut so, als würde ihr Mann vor ihr sitzen und sagt: "Fred, ich war heute abend, bevor du weggingst, so ruhig, so zufrieden. Es ging mir so richtig gut. Als du weggingst, habe ich gehofft, du würdest das Zusammensein mit mir schöner finden als mit anderen. Ich habe wohl den Anspruch, zu jeder Zeit die allerwichtigste Person in deinem Leben zu sein. Offengestanden, ich bin eifersüchtig. Ja, ich habe erwartet, dass du dich freuen würdest über den Tee auf deinem Lieblingsstövchen, und dass wir noch ein paar schöne Stunden haben würden. Aber es ist nicht so. Ich lasse dir das Recht zu sein, wie du bist und ... ganz so wie ich vorhin sagte, ist es ja auch nicht. Du sorgst gut für mich, und wenn ich dich brauche, bist du für mich da. Und von meinen Erwartungen hast du ja auch nichts gewusst. Die lasse ich jetzt fallen. Ich will es alles nicht so wichtig machen. Ich will dich wieder lieben wie vor einer halben Stunde." Sie atmet einmal tief durch und 'sieht' Fred in ihrer Vorstellung mit seinem gütigen Gesicht vor sich. Sie denkt laut: "Ja, ich liebe dich, auch wenn du nicht genau so bist, wie ich dich gerne hätte."«

»Das ist das Prinzip. Mach dir klar – ich rede schon wieder zu Susanne in der Du-Form – welche unerfüllten Erwartungen, die du wichtig gemacht hast, den Strom der Liebe blokkieren. Sprech sie für dich selbst aus. Am besten laut, wenn du allein bist, zu der Person, um die es geht. Und lass sie dann fallen. Die Erwartungen. Die Ansprüche. Lass los! Atme ein paar Mal tief durch und lass ein Lächeln zu! *Mach's nicht so wichtig!* Versuch dann den anderen in seiner Art zu verstehen. *Würdest du eingebunden in seiner inneren und äußeren Situation in seinen Schuhen stehen, dann würdest du genau so handeln.* Runter von deinem hohen Ross der moralischen Urteile, der Besserwisserei. Mach den Frieden und die Liebe wichtiger als dein vermeintliches Recht. Dickkopf! Oh, hab' ich das jetzt zu Susanne gesagt? Ich glaube das trifft eher auf mich zu.«

In Gedanken, ihren Füller zwischen den Lippen, verliert sie die Beziehung zum Thema. Es ist so still in der Wohnung. Sie ist allein und fühlt sich so wohl. Ihr Blick schwebt über die Tischplatte durchs Fenster. Die Wolken haben sich verdichtet. Keine Lücken, keine holländischen Gemälde mehr. Es regnet. »Wenn Wolken zusammenhalten, können sie besser den segenbringenden Regen auf die Erde ergießen. So ist es auch mit den Menschen. Zusammenhalten, verzeihen..., das klingt alles so logisch und auch einfach, aber ich weiß doch, dass das sehr schwer ist.
Sie schreibt wieder: »Mein Berater sagt: "Schwer, ja, aber das ist kein Grund, nicht an-

zufangen!" Trotzdem, ich ahne, es geht um Liebe ohne Bedingungen. Nicht: "Ich liebe dich, wenn du dich so verhälst wie ich mir das vorstelle", sondern: "Ich liebe dich wie du bist." Das setzt aber ganz schön viel Unabhängigkeit, innere Sicherheit, Selbstvertrauen voraus. Solange ich mein Gewicht nach außen verlagere und mein Glück und meine Zufriedenheit durch fremde Krücken bekomme, kann ich den Anspruch nicht aufgeben. Dann - falle ich um. Ich will mich verabschieden von dieser Abhängigkeit, dann kann ich auch meine Erwartungshaltung aufgeben und verzeihen. So ist das. Den Weg gehe ich weiter.
Ich werde noch oft mit Hans auf einem leeren Stuhl über meine Erwartungen an ihn und über meine eigenen Anteile an seinen Seitensprung sprechen. Seitenprung nennt man das so charmant, als wäre es ein Kavaliersdelikt. Er hat aber unsere Ehe und Hans selbst kaputt gemacht.
Damals habe ich die Tragweite meiner Haltung und die Wichtigkeit des Verzeihens nicht gekannt. Ich war noch nicht so weit. Jetzt kann ich mich befreien – auch von meinen Schuldgefühlen über meine Dummheiten. Ich hätte vielleicht unsere Ehe und sein Leben retten können, wenn ich alles nicht so wichtig

gemacht hätte.
Darüber sprach Herr Hansen auch, über das Wichtigmachen. *Man kann alles so wichtig machen, dass die anderen* – und schließlich auch wir selbst – *gar keine Chance mehr haben.* Nehmen wir mal das Thema *Ordnung.* Wenn ich Ordnung so wichtig mache, dann kann ich in Zukunft, wenn Susanne Kinder hat, gar keine Enkelkinder empfangen ohne vorher die Erwartung zu haben, dass sie sich im Sinne meiner Ordnung anständig verhalten und ohne nachher wütend zu sein über die Eltern, in meinem Fall Susanne und Jürgen, die ihre Kinder nicht richtig erzogen haben. Dann brauch' ich nach ein paar Tagen Bauchschmerzen wieder die Übung, um meine Erwartungen zu erkennen, sie hinterher aufzugeben und z.B. Susanne zu verzeihen und sie so zu lieben wie vor dem Besuch. Pff, ist das anstrengend.
Ja, man kann alles so wichtig machen, dass keiner mehr eine Chance hat. Lieber nehme ich die Ordnung nicht so wichtig, freue mich an den Kindern und räume nachher mit guten Gedanken an das schöne Zusammensein, auf.
Nehmen wir mal das Thema *Zeit und Pünktlichkeit.* Ich glaube schon, dass Pünktlichkeit

ein Beitrag zum geregelten Ablauf unseres gesellschaftlichen Lebens sein kann. Aber hinter der Erwartung, hinter der Forderung nach Pünktlichkeit anderer, kann ein ganz schönes Stück Tyrannei stecken. Verständnis, Toleranz, d.h. den anderen Spielraum lassen, sind höhere Werte.

Nehmen wir mal *Treue!* Ja, das ist ein sehr wichtiger Wert, aber ich hab' ja gesehen, was passiert, wenn man sie über alles stellt. Liebe kaputt, Beziehung kaputt, Geschäft kaputt, Gesundheit kaputt. Mein Berater sprach von Leuten, die das nicht so wichtig machen. Das kann dann z.B. so gehen:

Eine/r von beiden ist ausgebrochen und hatte oder hat noch eine sexuelle Beziehung zu einer Freundin bzw. einem Freund. Der/die andere erfährt davon und ist tief verletzt, enttäuscht, wütend, entwertet. Es gibt wütende Auseinandersetzungen oder wie bei uns, Todesstille und Verweigerung. Dann steht wieder die Frage im Raum: "...und was jetzt?" Trennung? Scheidung? Innere Kündigung? Oder Klärung! Wo geht's lang? Man entscheidet sich für das Gespräch. Mit oder ohne einen Berater. Jeder spricht aus, was verletzt wurde: Stolz, Vertrauen, Selbstwertgefühl. Die unerfüllten Erwartungen kommen auf den

Tisch - von beiden Seiten. *Es darf grundsätzlich nichts unter dem Tisch bleiben, wenn es einen Neubeginn geben soll.*

Solche Gespräche können lange dauern und auch in Etappen geführt werden. Bei beiden soll das Verständnis entstehen, dass jeder seine Anteile an dieser Situation hat. Warum hatte er/sie es nötig auszubrechen? Was hat gefehlt? Nicht Ankläger und Richter spielen. Keine moralisch überlegene Haltung oder Sprüche. Lernen! Über dich, deine Schwächen und über den/die andere/n. Demütiger werden. Es hätte dir auch passieren können. Sag nicht nein. Du gehörst auch zu der menschlichen Rasse. Bist genauso unvollkommen. Mache die Liebe, das Verzeihen, das Verstehenwollen, das Weiterkommenwollen, das Ziel Neubeginn wichtiger als Treue. Mach's nicht so wichtig, klingt fast banal, aber wenn ich es nicht so wichtig gemacht hätte, dann hätten wir den Weg zurückfinden können. Wir hätten uns im Verzeihen umarmen und gemeinsam weinen können. "Lass uns einen neuen Anfang machen", wäre dann die Antwort gewesen auf die Frage: "...und was jetzt?"

Aber gut. Es ist vorbei. Ich kann jetzt die Uhr nicht mehr zurückdrehen, aber ich kann jetzt

tun, was ich tun kann. Frieden schließen mit Hans und mit mir! Und das ist viel.«
Ihre Gedanken bleiben hängen an dem Thema Treue, im Bewusstsein, dass alles hätte anders sein können, wenn sie aufmerksam gewesen wäre und ihren verletzten Stolz nicht so wichtig gemacht hätte. Plötzlich hat sie eine Erinnerung an eine Aufführung der komischen Oper "Boccaccio" von Franz von Suppé. Damals hat sie der Text einer Arie so maßlos irritiert. Deswegen hat sie ihn wohl auch - zwar bruchstückhaft - aber immerhin behalten. Sie wiederholt ihn mehrmals flüsternd als wolle sie die Worte, die ihr jetzt viel bedeuten, im Aussprechen kosten:
»Hab' ich nur Deine Liebe, die Treue brauch' ich nicht, die Liebe ist die Knospe nur, aus der die Treue bricht. Darum sorge für die Knospe, dass sie auch schön gedeih', auf dass sie sich in voller Pracht entfalten mag, o gib drauf Acht.«
Sie schaut durchs Fenster. Wolkenlücken. Wässrige Sonnenstrahlen von einer wolkenverdeckten Sonne. Die Lichtstrahlen kommen aus unsichtbarer Quelle. Plötzlich steht eine Frage in ihren Augen: »Ob Hans das, was ich in meinen Gedanken mit ihm mache und was ich vorhabe, auch mitkriegt? Wo ist er?« Sie

sagt sich: »Das ist jetzt nicht das Thema«, und schreibt weiter zum Thema Verzeihen.

»Ich bin froh, dass Gerhard und Susanne gut zurechtkommen. Wie wäre es, wenn sie in wichtigen Angelegenheiten (sieh, da ist ja das Wort wichtig) eigene Wege gehen würden? Wege, die gegen meine Vorstellungen und Erwartungen gehen. Gerhard macht Karriere. Gut. Susanne hat einen Freund und wird heiraten. Gut. Aber wie wäre es, wenn Gerhard – in seinem Ehrgeiz, von seinen Leistungen enttäuscht oder nicht weiter durch Stipendien gefördert – Drogen nehmen würde. Ich kann's mir nicht vorstellen, aber wenn ich das nun mal annehme. Was dann? Ich wäre sehr enttäuscht, ich hätte Angst um ihn; ich wäre auch wütend und würde denken: "Wie kann er mir so etwas antun?" Ich würde mich schämen vor meinen Bekannten und Verwandten. Aber ich würde auf der Linie bleiben, wo ich jetzt bin. Ich würde mit ihm sprechen. Würde ihm sagen, dass ich ihn als meinen Sohn liebe. Würde keine Bedingungen für diese Liebe stellen. Ich würde ihn nicht unter Druck setzen. Würde ihm empfehlen, eine Beratungsstelle aufzusuchen. Wenn er das nicht wollte, würde ich selbst zur Beratungsstelle gehen, um meine möglichen Anteile an einer guten

Entwicklung kennenzulernen. So glaube ich, hätte er die besten Chancen. Ich würde ihn auch ermutigen, d.h. ich würde ihm bewusst machen, welche Stärken er hat. Und er hat ja so viele. Ja, das würde ich machen. Nie mehr will ich Dinge so wichtig machen, dass die Liebe und das Verständnis für den anderen auf der Strecke bleiben.
Wie habe ich nicht mit Susanne gekämpft als sie als Kind ihr Zimmer nicht aufräumen wollte. Ich hab's so wichtig gemacht, hab' geschimpft, gebettelt, Druck ausgeübt, sie mit dem ordentlichen Gerhard verglichen, sie entmutigt, bis sie nur noch selten zu Hause war. Sie ist zwar gut zurechtgekommen, aber unsere Beziehung? Ich habe ihre Liebe verloren. Jetzt kommen wir uns ja wieder näher. Aber was hat das alles genützt! Ist damals das Aufräumen besser geworden? Keine Spur davon! Jetzt, wo sie aus dem Hause ist, und das kein Kampfthema mehr ist, räumt sie freiwillig ihre Sachen auf. Sie merkt, dass das praktischer ist, und dass sie so besser zurechtkommt.
Hätte ich meine Erwartungshaltung eher aufgegeben und es als selbstverständlich angesehen, dass sie durch den Ordnungssinn der anderen genug Vorbild hatte, um selbst ihre Art der Ordnung zu finden, dann hätte sie

nicht den ständigen Erwartungsdruck gespürt. *Kinder wehren sich nicht gegen Ordnung, sondern gegen den Druck.* Gegen das: "Du musst", gegen Erwartungen, die sagen: "Ich erwarte, dass du ..., und wenn du nicht..., dann bin ich enttäuscht oder wütend." Ich kann ja Wünsche haben, Wünsche, die sagen: "Ich hätte gerne, dass du..., aber wenn du nicht..., dann halt nicht." Dann können Kinder und Erwachsene leichter entscheiden.«

Julia

Susanne hat geheiratet. Sie hat zwei Kinder. Einen Jungen und ein Mädchen. Sie kommt nicht mehr so oft; hat viel um die Ohren. Sie ist offenbar glücklich und zufrieden und sehr aktiv.
Gespräche gibt es nicht mehr so viel. Wenn, dann hauptsächlich über die Kinder und deren Erziehung. Herta kommt inzwischen aber gut zurecht. Sie hat sich einen neuen Bekanntenkreis aufgebaut und hat ein paar Freundinnen, mit denen sie über alles sprechen kann.

Das Thema Verzeihen ist für Herta noch nicht zu Ende. Susanne sagte ja damals, sie würde sich für das Thema nicht sonderlich interessieren, aber Julia, ihre Freundin von der Drogenberatung beschäftige sich damit.
Herta hat Julia eingeladen. Sie treffen sich auf dem Parkplatz beim Kurpark.
Julia ist Mitte dreißig. Eine kontaktfreudige, nette, junge Frau, verheiratet, drei Kinder. Sie ist halbtags berufstätig, aktiv in ihrer Kirche und ihrem Freundeskreis. Ja, die passt gut zu Susanne.
»Ich heiße Herta. Darf ich Julia sagen, Frau Franzke?«

Die Anspannung um die Augen lässt nach und die Mundwinkel heben sich bevor Julia antwortet: »Ja, gerne Herta.«

»Ich habe mich im Rahmen meiner psychologischen Entwicklung mit dem Thema Verzeihen beschäftigt. Susanne sagte mir, dass das auch mal Ihr Thema gewesen sei. Ich würde gerne von Ihren Erfahrungen lernen. Wollen Sie mit mir darüber sprechen bzw. über Ihre damalige Situation erzählen?«

Julia war schon darauf vorbereitet. Sie steigt ohne Zögern ein.

»Herta, das ist so. Ich habe ...« Sie hält inne und fragt: »Wollen wir nicht in den Park gehen?«

»Gerne!«

»Ich habe einen Afrikaner geheiratet. Aus Ghana kommt er. Ein wunderbarer Mann und Vater meiner Kinder. Er ist gebildet, spricht fließend deutsch und französisch. Er ist auch in der Drogenberatung tätig. Wir kennen uns schon sieben Jahre und sind seit fünf Jahren verheiratet. Meine Eltern haben ihn nicht sehen wollen, nicht als Schwiegersohn akzeptieren wollen. Sie tun so, als gäbe es ihn nicht. Ich habe mit meiner Entscheidung für Hassan ihren Vorstellungen, ihren Erwartungen entgegengehandelt. Das können sie nicht akzeptie-

können sie nicht akzeptieren. Sie stellen sich seitdem stur, als könnten sie damit alles ungeschehen machen. Unsere Kinder haben sie noch nicht gesehen.
Sie sind wohl sehr verletzt und still-wütend. Sie schreiben dann und wann, d.h. sie reagieren mit Monaten Verspätung auf meine Briefe und schreiben am Ende "Deine Dich immer liebenden Eltern." In den Briefen wird Hassan totgeschwiegen. Ich darf sie zwar besuchen, aber dann alleine. Das tue ich aber nicht, weil ich ihr Spiel, nämlich so zu tun, als wäre ich nicht verheiratet, nicht mitspielen will.
Ich liebe meine Eltern. Ich war, so glaube ich, auch für Vater immer wichtig. Mit Mutter habe ich viel geredet beim Backen und Kochen in der Küche. Ich habe von beiden viel gelernt. Ich bewundere es, wie sie mit fünf Kindern ihr Leben so gemeistert haben.
Herta, verstehen Sie das Problem? Ich lebte lange mit vielen Erwartungen, mit viel Enttäuschung und viel Traurigkeit und Wut, nachdem sie mich abgelehnt bzw. meine Entscheidung nicht akzeptiert haben.
Schon vor mehr als sieben Jahren erzählte ich meinem Vater, dass ich Hassan kennengelernt hatte. Er sagte: "So einen will ich nicht als Schwiegersohn". Ich habe auf ihn eingere-

det wie wild. Ich war verliebt und empfand es als unerhörtes Unrecht, dass er meine Gefühle, mein Glück, meine Zukunft mit einem Satz wegfegen wollte. Er blieb dabei. Mutter war still und brauchte Zeit, um sich an Vaters Diktat anzupassen.
Ich besuchte sie immer wieder, öfter als sonst. Ich hoffte, alles durch Liebsein noch wieder zu meinen Gunsten beeinflussen zu können. Sie deuteten meine Versuche, eine gute Tochter zu sein, eher als ein Zeichen, dass ich mich ihren Erwartungen beugte. Über Hassan wurde nicht gesprochen.
Eines Tages erzählte ich, dass wir heiraten würden. Beide redeten auf mich ein mit allen moralischen und unlogischen Argumenten. Natürlich auch über die Schande, die ich ihnen antue bis ins vierte Geschlecht.
Und dann hatten sie alles Mögliche über Ghana und die Ghanaer gelesen, über ihre Vielweiberei, über Krankheiten, die sie verbreiten und über ihre primitive Urkultur. Sie würden ihn nie akzeptieren.
Ich hätte ihren Kulturkreis verlassen, sagten sie. Ich fühlte mich wie in einer fremden Welt. Das sollten meine Eltern sein? Sie, die sich stolz zu den Intellektuellen rechnen? Ohnmächtig und wie am Fußboden festgenagelt

stand ich da. Dann habe ich sie beschimpft. Ich kannte mich selbst nicht mehr.
Dann bin ich gegangen und habe Hassan geheiratet. Ich habe einige Zeit nichts mehr von mir hören lassen. Das war die Zeit, wo Hassan und ich uns noch viel näher gekommen sind. Er hat mir sehr geholfen, die Wut zu überwinden. Er hat immer gut von meinen Eltern gesprochen. Er sagte: "Deine Eltern können keine schlechten Menschen sein. Sie sind deine Eltern. Du bist ihr Kind. All das Gute und Liebenswerte an dir, kommt auch von deinen Eltern".
Es gab eine Zeit, da bin ich mit Briefen und Geschenken und anderen Lebenszeichen wieder wie hinter ihnen hergerannt. Ich hoffte, doch noch was zu erreichen. Herta, es tat alles so weh.«
Dann mit mehr Aufregung und Schmollen: »Insbesondere, weil ich es nicht verstehen konnte. Ich hatte die Erwartung, meine Eltern sollten *ja* zu mir sagen; sollten mich annehmen wie ich bin; sollten begreifen, dass ich Hassan liebe; sollten andere Bücher über Ghana lesen; sollten so reagieren wie ich es mir vorstellte. Darin würde ich dann ihre Liebe, wovon sie immer sprachen, erkennen können. Es könnte doch alles so schön sein.

Das alles, diese inneren Dialoge, die ich Tag und Nacht führte, ketteten mich immer mehr in Unfreiheit an sie. Sie gingen mir nicht mehr aus dem Kopf. Ach, es ist eine lange Geschichte mit vielen Enttäuschungen.
Dann kam das erste Kind. Die Eltern reagierten nicht. Dann die Zwillinge. Genauso. Ich fand es so unbegreiflich, so gemein. Ich habe mich in Groll und Hass zurückgezogen. Immer wieder auch meine Entscheidungen in Frage gestellt. Ich wurde depressiv und sah, wie auch Hassan litt. Dann habe ich einen guten Therapeuten gefunden und gute Bücher gelesen. Jetzt geht's mir besser.«
Herta nutzt die Atempause und sagt: »Ja, Julia, ich merke, dass es Sie immer noch sehr bewegt. Wollen wir uns einen Moment dort auf die Bank setzen?«
Sie setzen sich und schauen auf den kleinen See vor sich. Julia schweigt.
Herta unterbricht die Stille. »Ich freue mich, dass Sie mehr Frieden haben, obwohl Ihre Eltern ihre Haltung nicht geändert haben. Was haben Sie gelernt? Was hat Ihnen geholfen?«
Julias Blick ruht in der Ferne, als wäre sie in Trance. Nachdenklich sagt sie:
»Im Grunde ist es alles so einfach und doch so schwer, wenn man verletzt ist. Ich wollte

manchmal sterben, Selbstmord machen. Und ich weiß, ich wollte damit meine Eltern treffen, mich rächen. Sie sollten wissen, wo sie mich hingebracht haben. Sie sollten sich schuldig fühlen für das Unrecht, das sie mir angetan haben. Schuldig und verzweifelt sollten sie sein für den Rest ihres Lebens. Gott sei Dank war meine Liebe zu Hassan und den Kindern größer.«

»Sie sagten: Im Grunde ist alles so einfach. Wie meinten Sie das?«

»Herta, wenn Sie über Verzeihen nachgedacht haben, dann wissen Sie es auch. Es geht immer wieder um Loslassen. In meinem Falle: Die Eltern, meine Verletzungen, meine Erwartungen, der verletzte Stolz, meine Hartnäckigkeit, sie ändern zu wollen nach meinen Vorstellungen. Loslassen! Alles nicht so wichtig machen. In diesem Prozess kam ich mir als Verlierer vor. Genauso muss es wohl meinen Eltern gehen. Sie haben in einer ersten Reaktion eine Position bezogen. Jetzt können sie nicht zurück, ohne ihr Gesicht zu verlieren. Ohne als Verlierer dazustehen. Das meinen sie wohl, so glaube ich. Wir sind uns ganz schön ähnlich. Hartnäckig sind wir.

Manchmal habe ich auf den Boden getrampelt wie ein wütendes Kind, das unbedingt jetzt seine warme Milch haben will. Ich wollte nicht, dass sie durch mein Loslassen so einfach davonkommen. *Wenn ich loslasse,* meine Erwartungen, meine Wut, meine abwertenden inneren Dialoge, *dann ist ja alles verziehen. Dann sind sie ja frei.* Das ist zu einfach, meinte ich. Sie sollten ihre Schuld eingestehen.

Inzwischen weiß ich, *es gibt keinen anderen Weg zu Frieden und Gesundheit als Verzeihen. Keinen anderen Weg zur inneren Freiheit und zu einem Neubeginn.* Ich habe mich schriftlich bei meinen Eltern entschuldigt und gesagt, dass es mir leid tut, dass ich sie verletzt habe.

Loslassen. Nicht so wichtig machen. Verstehenwollen. Darum geht es. Nicht um Rechthaben-wollen und Gewinnen-wollen. Können Sie das auch so sehen, Herta?«

Herta wirft ein Steinchen ins Wasser und freut sich an dem silbrigen Glanz auf den Wellen. »Ja, so habe ich das in meinen Beratungsstunden auch verstanden und es tut mir so gut, mich immer daran zu orientieren. Nicht unbedingt recht haben wollen, nicht die eigenen Emotionen so hoch aufdrehen. Sachlicher werden und fragen: *"Was kann ich jetzt tun?"*

Nicht fragen: "Was soll der andere tun?"

Dann bekommt man viel Spielraum. Auch ich

mache noch so oft meinen persönlichen Wert davon abhängig, dass die anderen sich so verhalten wie ich es erwarte. - Meine Themen sind aber nur eine Kleinigkeit im Vergleich zu Ihrem Brocken. Mein Mann ist tot. Ich bin mit ihm im Reinen. Aber Ihre Eltern leben. Es könnte sich ja vielleicht doch noch etwas ändern.«

»Genau, Herta, das ist es, was das Loslassen so schwer macht. Ich glaube, dass ich Chancen verpasse, wenn ich loslasse. Aber trotzdem, es ist genau umgekehrt. *Wenn man loslässt, seine Ansprüche aufgibt, dann ist auch der Druck auf die anderen weg. Dann können sie in Freiheit einen neuen Standpunkt beziehen, ohne sich als Verlierer zu fühlen.* Insbesondere, wenn man noch daran arbeitet, sie zu verstehen. *Wenn ich loslasse, mache ich vier Hände frei.* Nicht nur meine Hände, auch die Hände dessen, die ich festhalte.«

»Wie machen Sie's genau?«, fragt Herta.

»Ich versuch's Ihnen mal kurz zu sagen.

- Jedesmal, wenn ich in mir abwertende Gedanken habe oder wütend bin, d.h. wenn ich auf die Fehler meiner Eltern schaue, sage ich: "Gott, vergib mir meine Sünden." Dadurch bin ich dann schnell beim Bewusstsein meiner eigenen Fehler, meiner eigenen

Anteile am Problem. Dann komme ich schnell zur Frage: "Was kann *ich* zur Verbesserung der Situation beitragen?"

- Dann mache ich mir immer wieder klar, dass ich ohne meine Eltern auch meinen Wert habe. Ich bin nicht für meinen Selbstwert von deren Liebe abhängig. Ich habe Hassan, unsere Kinder, ein eigenes Leben mit vielen Menschen, die mich mögen und für die ich etwas bedeute. *Ich bin so wie ich bin, gut genug.*
- Ich beziehe mich bewusst auf meine Stärken; d.h. ich bin mir selbst eine gute Freundin. Ich schimpfe und kämpfe kaum noch mit mir. Ich nehme meine Fehler ruhig an und versuche sie zu verbessern. So habe ich mehr Frieden mit mir und so kann ich auch andere lieben. Ja, *Wut in sich selbst nähren, ist gefährlich. Es macht krank. Und dadurch geht auch die Fähigkeit zu lieben, verloren. Auf Dauer allen gegenüber.*
- Ich denke viel über meine Eltern nach, wie sie so geworden sind wie sie sind. Über die Erziehung, die sie von meinen Großeltern bekommen haben. Was die Kriegsjahre für sie bedeutet haben. Über die Werte, die sie in die Ehe mitgebracht haben. Dann verstehe ich immer besser, warum sie so sind. Ich

kann immer besser, ohne zu werten, verstehen, dass sie gar nicht anders reagieren konnten. Ich betrachte sie immer mehr als normale Menschen und sehe ihre Stärken und Liebenswürdigkeiten. Ich lerne sie zu lieben in der Art wie sie sind, auch wenn sie nicht meine Erwartungen erfüllen. Sie brauchen nicht so zu sein wie ich sie haben möchte.

Ich komme langsam dahin, dass ich verstehe, was Hassan meint mit "alles verstehen, heißt alles verzeihen".

Ja, Herta, das sage ich so leicht und ich kann es alles auch ganz gut, aber das kleine verletzte, trotzige und zweifelnde Kind in mir kommt immer wieder hoch. Das braucht noch lange Pflege. Ich muss immer umdenken und das tue ich auch. Man muss immer dranbleiben. Nicht zu schnell glauben: "So, jetzt hab' ich's". Im Denken erfinderisch und kreativ bleiben! Und *wenn man kreativ sein will, darf man sich nicht mit der Frage befassen, wie gut oder schlecht man ist.* Lieber entschieden sagen: "Damit will ich mich jetzt nicht befassen. Ich bin so wie ich bin, gut genug". Das ist auch ein Prozess des Loslassens. Den Zweifel am eigenen Wert. Loslassen.«

Herta blickt auf das Wasser und spürt eine Mi-

schung von Traurigkeit und Respekt. Erst Mitte dreißig ist Julia und doch hat sie schon soviel über so wichtige Themen nachgedacht und Klarheit geschaffen.
Traurig ist sie, dass sie nicht selbst sich früher damit beschäftigt hat. Es ist ihr als wäre sie erst vor einigen Jahren aufgewacht.
Die beiden Frauen sprechen über einige Übungen und hilfreiche Ideen und verabschieden sich dann nach noch mal einer Stunde. Beide fühlen sich erfüllt und bereichert.
Herta denkt: "Ich bin jetzt vierundfünfzig und ich kann noch so viel lernen."

Der Tod und das Leben

An dem Nachmittag ist Susanne zu Hause und wartet auf Emil, der bald vom Kindergarten nach Hause kommen wird. Morgen hat er Geburtstag. Am 12. Mai. Sie hat Geschenke eingekauft und die Ingredienz für die Kuchen, die sie heute noch backen will. Er wird schon fünf. Wie schnell die Zeit geht.

Es klingelt. Vor der Tür steht ein Polizist mit ernster Miene.

Es wird ihr flau im Magen. Sie fragt trotzdem freundlich: »Was kann ich für Sie tun?«

»Frau von Dam, ich muss Ihnen leider mitteilen, dass Ihr Sohn einen Unfall erlitten hat. Er starb noch am Unfallort«.

Für einen Bruchteil von Sekunden geht ihr Blick nach oben, als wollte sie sich eine Vorstellung vom Geschehen machen. Dann stützt sie sich auf das Fensterbrett neben der Tür und ruft laut, schnell, unbeherrscht: »Nein, nein, nein!« Und dann verzweifelt lauter: »Warum? Warum? Warum?«

Schnell, schneller als man von einer Mutter in einer solchen Situation erwarten kann, fängt sie sich wieder. »Wo ist er?«

»Im St. Martin Krankenhaus. Soll ich Sie hinbringen?«

»Nein, ich schaff das schon. Sagen Sie meiner Mutter Bescheid. Die Nummer 64 in dieser Straße. Ich bin schon weg.«
Es war entsetzlich. Er musste wohl an Kopf und Schulter von dem Lastwagen erfasst worden sein. Der Lastwagen musste einer von der Spur abgekommenen PKW-Fahrerin ausweichen und erfasste Emil auf dem Trottoir. Von hinten.

Die vielen Menschen, die bei der Beerdigung dabei waren, zeugten von Susanne's Beliebtheit in der kleinen Stadt. Niemand wusste so recht was zu sagen. Die meisten stammelten etwas von Beileid. Sie wussten nichts Besseres. Zwischen so vielen lieben Menschen, die es so gut mit ihr meinen, sich so einsam und verlassen zu fühlen. Das hat sie noch nie gefühlt. Nie für möglich gehalten. Jürgen, ihr Mann, war auch orientierungslos. Er vermannte sich und war ihr eine äußere Stütze.

Dann die Leere zu Hause. Die kleine Rabea stand da mit dem Daumen zwischen den Zähnen. Kurz kam da Susanne die Frage: "Ob Rabea sich jetzt freut, dass er weg ist?" Sie schüttelt die Frage ab und nimmt Rabea an sich. Mutter Herta räumt einige Sachen weg

und denkt: "... und was jetzt?"
Die Zeit vergeht. Susanne ist eine starke Frau und doch, ... sie hängt sieben Monate später noch an Emils Zimmer und an seinen Sachen. Sie riecht an seinen Kleidern als wolle sie den Duft seines Körpers lebendig machen. Immer wieder geht sie in sein Zimmer, sieht ihn dort und spricht mit ihm wie immer. "Er ist nicht tot", sagt sie sich immer wieder. Auf der Straße meint sie ihn manchmal zu sehen. Zwischen anderen Kindern. Dann rennt sie hin und bremst sich selbst halbwegs.
Sie will die Realität nicht annehmen. Es tut so entsetzlich weh. Sie will nicht loslassen. Ihn nicht, seine Sachen nicht, ihre Verlustschmerzen nicht und die Wut auf den LKW-Fahrer nicht. Er hätte die PKW-Fahrerin zu Tode fahren sollen. Sie machte doch den Fehler. Warum musste Emil, der Unschuldige, dafür büßen. Wut auf die Leute, die dabei waren. Warum haben sie es nicht verhindert? Wut auf den Notarzt, der zu spät kam. Wut auf Gott, dass er das zugelassen hat. Es scheint jetzt alles, das ganze Leben, so leer, so sinnlos.
Herta ist viel für Susanne da. Sie weiß, was es heißt, einen Menschen zu verlieren. Sie glaubt, dass es für Susanne schlimmer ist, als damals für sie selbst. Sie konnte sich bei ih-

rem kranken Mann darauf einstellen, dass er sterben würde. Aber in diesem Fall? Sie trauert mit.
Allmählich – es sind jetzt neun Monate vergangen – bringt Herta die Gespräche auf Tod, Trauern und neue Ziele. Über den Tod hat sie in den letzten Monaten Vieles gelesen und mit anderen gesprochen, auch mit dem katholischen Pfarrer ihrer Gemeinde. Sie hofft, ihrer Tochter helfen zu können. Sie gibt Susanne ein Buch. In den Wochen danach folgen wunderbare Gespräche.

Der Tod. Es macht so hilflos, so ohnmächtig, anzuerkennen, dass man das Gesetz des Todes durch nichts außer Kraft setzen kann. Herta hat's ja erlebt als Hans in den letzten Wochen seines Lebens so unheilbar krank war. Sie hat es ansehen müssen in völliger Machtlosigkeit. Auch sie war damals – wie Susanne jetzt – phasenweise voller Vorwürfe gegen andere. Gegen die Ärzte, die es nicht verhinderten, gegen Gott, der das zugelassen hat. Gegen sich selbst, weil sie glaubte, falsche Entscheidungen getroffen zu haben. Welche genau wusste sie nicht, aber sie fühlte sich so elend. Sie schaute auf andere lebendigen und fröhlichen Paare mit der Frage: "War-

um musste gerade mir das passieren?" Sie wusste keine andere Antwort als die Wut und Empörung gegen sich selbst zu richten. Einen anderen Adressaten, so wusste sie, gibt es nicht.
Herta hatte schon weit vor Emils Tod durch die Beratungsgespräche begriffen: Man darf keine Sachen verdrängen. Verdrängen heißt nicht, dass man mal nicht dran denken will. Das ist eine gute Fähigkeit sich entscheiden zu können, jetzt oder heute sich einfach mit dem Thema nicht beschäftigen zu wollen. Verdrängen heißt, dass man die Wahrheit nicht wahr haben will. Im Falle des Todes wäre es Verdrängung, so zu tun als wäre der Betreffende nicht tot, als würde er zurückkommen und alles wäre wieder wie vorher.
Ja, Susanne hat die Neigung zu verdrängen. Herta hat neulich gesehen, dass sie heimlich neues Spielzeug gekauft hat. Für Emil. Als sollte er sich daran freuen und sich damit auseinandersetzen, wenn er zurückkäme. So ein Verhalten hätte sie normalerweise für Susanne für unmöglich gehalten.

Jetzt sitzen sie beide vor einem Foto von Emil. Klare intelligente Kinderaugen.
Herta's Beschäftigung mit der Individualpsy-

chologie hat sie mutig gemacht. Sie sagt: »Susanne, schau doch mal auf das Bild und sag jetzt mal: "Emil, du bist tot".«
Susanne weint und sitzt da mit einer Hand auf dem Herzen und einer auf dem Magen und sagt: »Mutter, es tut so entsetzlich weh.« Sie lehnt sich an. Herta tröstet sie.

Erst Wochen später in einer ähnlichen Situation sagt Susanne: »Mutter, ich bin jetzt so weit«. Sie schaut auf das Bild und sagt nüchtern, als wäre sie vorbereitet: "Emil, du bist tot. Ich möchte, wie Rabea, die immer wieder nach dir fragt, wissen, wo du bist. Sie fragt, wann kommt Emil wieder? Wo ist er? Meine Antworten befriedigen mich nicht. Bist du dort, wo Vater auch ist? Wie geht es dir dort?" Sie schluchzt, vermannt sich und sagt dennoch wenig entschieden: "Aber du bist tot!"
Und dann zu Herta mit einem Seufzer: »So, das ist das. Danke für die Anregung. Ich komme weiter. Du hast mir doch das Buch gegeben. Es ist schön. Es hilft mir weiter. Die Geschichten über die Erfahrungen der Todesnähe und über das, was die klinisch Toten sagen, ihre Erfahrungen, das ist beeindruckend, und wenn man es glauben kann, ist Sterben nicht mehr so schlimm. Wenn es wahr ist,

dass wir beim Sterben uns selbst, auch unseren Körper und die Umgebung sehen können und das gar nicht wichtig machen, sondern durch das Licht gehen, in einen anderen Zustand, in eine andere Umgebung mit Licht und etwas Musikähnlichem und uns nicht alleine fühlen ..., das ist ja so befreiend.«

»Ja«, sagt Herta, froh, dass Susanne sich öffnet, »es gibt sehr viele Untersuchungen, z.B. von E. Kübler Ross[2] und anderen Wissenschaftlern. Sie bestätigen die Informationen von R. Moody[3]. Es gibt auch Untersuchungen über unsere kulturellen Grenzen hinaus. Vergleichende Untersuchungen unter Hindus und Christen in Indien und Amerika[4]. Es ist erstaunlich und bemerkenswert, dass es in den Nahtoderlebnissen kaum Unterschiede gibt. Sie sind nicht kulturgebunden.«

Herta fühlt sich angeregt und gefordert durch die Fragen, die Susanne in dem kurzen Gespräch mit Emils Foto in den Raum gestellt hat: "Wo bist du, Emil? Wo ist Vater? Wie geht's dir?". Auf diesen Augenblick hat sie schon lange gewartet.

»Ja, Susanne, weder die Psychologie noch die anderen Wissenschaften haben für den

---

2 Kübler-Ross, E.: "Interviews mit Sterbenden"

3 Moody, R.A.: "Leben nach dem Tod"

4 Osis, K. und Haraldsson, E.: "Der Tod - ein neuer Anfang"

Tod einen Bezugsrahmen oder eine Deutungsmöglichkeit. Was über das Sterben hinausgeht, ist die Welt der Hoffnung und des Glaubens.«

»Mutter, woran glaubst du denn?«

»Ich weiß es nicht so recht«, sagt sie, als wolle sie damit einer so persönlichen Frage noch ausweichen. Sie bückt sich und greift in ihre Tragetüte, wo noch mehr Bücher sind und legt sie auf den Tisch. Sie schaut Susanne mit einem zufriedenen Lächeln an: »Ohne vom Thema ablenken zu wollen, will ich dir erst mal sagen, dass ich so glücklich bin, dass ich so mit dir reden kann. Es wird mir richtig warm ums Herz und ich bin glücklich, dass ich so eine Tochter habe.«

»Mutter, Du hast dich so fabelhaft entwickelt. Du bist eine tolle Frau. Du sollst weitermachen und noch mal Individualpsychologie studieren. Du könntest als Beraterin, durch deine Ehrlichkeit, Behutsamkeit und deinen Respekt so vielen Menschen in Not helfen.«

Sie küsst sie auf die Wange und schaut sie in echter Bewunderung an.

»Ich glaube«, sagt Herta, »dass es einen Gott gibt, dass er uns liebt und dass unsere Seele nach dem Tod in den Himmel kommt. So haben Vater und ich es euch ja auch gelehrt. Die

Bibel ist die Grundlage dazu. Gläubige Menschen – und dazu rechne ich mich – sagen: "Was in der Bibel steht, ist wahr."
Ich habe mir das Thema Tod und Himmel in letzter Zeit in der Bibel etwas genauer angeguckt. Ich zeig dir mal ein paar Stellen.«
Geschickt gleiten ihre Finger zwischen den Blättern, wo die gelben Orientierungsaufkleber sind. »So z.B. hier in dem Brief an die Philipper: "Unsere Heimat ist im Himmel"(Phil 3,20) und auch hier im Brief an die Korinther: "Wir wissen: Wenn unser irdisches Zelt abgebrochen wird, dann haben wir eine Wohnung von Gott, ein nicht von Händen errichtetes ewiges Haus im Himmel. Wir sind also immer zuversichtlich." (2 Kor 5,1.6) Hier aus dem ersten Brief an die Thessalonicher. Dieser Text schließt an dieser Zuversicht mit Trost und Hoffnung an: "Brüder, wir wollen euch über die Verstorbenen nicht in Unkenntnis lassen, damit ihr nicht trauert wie die anderen, die keine Hoffnung haben. Wenn Jesus – was wir glauben – gestorben und auferstanden ist, dann wird Gott auch um Jesu willen die Verstorbenen mit ihm vereinen. Dann werden wir immer beim Herrn sein. Tröstet einander also mit diesen Worten."(1Thess 4,13-14.17b-18).«
»Ja, ja.« Susanne rutscht mit einer tiefen Na-

senfalte zwischen den Augenbrauen unruhig auf der Couch hin und her und sagt: »Vielleicht ist es ketzerisch, aber das sind ja alles Aussagen aus Briefen der Apostel. Die können das ja auch falsch verstanden haben, wenn es keine klaren Aussagen von Christus darüber gibt.«

»Doch, warte, nicht so schnell urteilen. Hier hab ich was.« Und während sie blättert, sagt sie: »Es gibt von Christus wenig Aussagen zu diesem Thema, die man nicht so oder so auslegen könnte; deswegen beziehe ich mich auch nicht darauf. Hier im Johannes-Evangelium wird Christus zitiert mit den Worten: "Euer Herz sei ohne Angst! Glaubt an Gott und glaubt an mich! Im Haus meines Vaters sind viele Wohnungen. Wenn es nicht so wäre, hätte ich euch dann gesagt: Ich gehe hin, um euch einen Platz zu bereiten? Wenn ich hingegangen bin und euch einen Platz bereitet habe, komme ich wieder und werde euch zu mir holen, damit auch ihr dort seid, wo ich bin." (Joh 14,1-3)«

»Gut, Mutter, du hast ja gründlich recherchiert. Lass mich das nochmal mit eigenen Worten zusammenfassen. Aus dem neuen Testament geht also hervor, dass unsere Bestimmung der Himmel ist und dass wir dort ewig leben werden, wenn der materielle Körper "abgebrochen" wird. Dieses "dort" ist dann dort, wo Gott und Jesus auch sind. Siehst Du das auch so?«

»Ja.«

»Ich kriege es trotzdem nicht auf die Reihe. Was von uns geht in den Himmel? Wir sind tot. Liegen unter der Erde. Was ist die Seele? In welchem Zustand leben Vater und Emil in diesem Haus mit den vielen Wohnungen?«

»Susanne«, sie sagt es, als wolle sie sie beruhigen, »das weiß ich auch alles nicht so genau. Die Gedanken darüber sind sehr unterschiedlich. Thomas von Aquin, eine der größten Autoritäten der katholischen Theologie, baut auf den griechischen Philosophen Aristoteles auf und sagt, die Seele gehöre untrennbar zum Körper. Werde die Seele vom Körper getrennt, so sei sie keine Person mehr. Eine Persönlichkeit werde sie dann erst wieder, wenn sie mit dem auferstandenen Körper – die Auferstehung des Fleisches – wieder vereint sein werde.

Das ist die offizielle Auffassung der katholischen Kirche. Unser Pfarrer hatte es damit auch nicht leicht. Er meint, die Seele sei ein unsterbliches individuelles Geschöpf aus der göttlichen Welt. Die Seele sei die eigentliche

Persönlichkeit, die nach dem Tode weiter existiert. Wie und wo genau, konnte er nicht sagen, aber auf jeden Fall im Himmel.«
»Rabea fragte noch gestern: "Wo ist Emil?" Ich sagte: "Im Himmel." Ich war froh, dass ich eine Antwort hatte, aber sie fragte: "Wo ist der Himmel?" Da wusste ich wieder nicht weiter und sagte: "Ich weiß es nicht. Ich werde mit Oma darüber sprechen." Wenn die Bibel nun nicht recht hat mit ihren Aussagen?«
»Das kannst du so leicht nicht anzweifeln, denn in anderen Offenbarungsreligionen der Welt spricht man auch vom Himmel. Ein Inder[5] hat einen Großteil seines Lebens damit verbracht, die lebenden Religionen der Welt miteinander zu vergleichen und er fand erstaunliche Übereinstimmungen. Auch über das Leben nach dem Tod. Hier ist das Buch. Es heißt: "Einheit in der Vielfalt". Hier schau: Im Hinduismus: "Der Tod ist das Ablegen des Gewandes des Lebens und das Anlegen des Gewandes der Unsterblichkeit". Im Sikhismus: "Der Himmel ist die Gemeinschaft der Heiligen". Im Buddhismus: "Der Himmel ist der Ort der Glückseligkeit für die Guten" usw. Schade, dass die genauen Quellen fehlen. Du kannst es ja selbst mal lesen. Es gibt also mit Sicher-

5 Ghai, O.P.: "Einheit in der Vielfalt

heit ein Leben nach dem Tod. Warum sollen alle großen Religionen in diesem Punkt lügen?« Und nach einer Denkpause: »Hast du noch Lust weiter mitzudenken? Wir können auch nächste Woche weitermachen. Es gibt noch soviel Interessantes.«

»Nein, nein, bitte weitermachen«, sagt Susanne, die vor Aufregung rote Wangen bekommen hat. »Aber erst koche ich uns einen Kaffee.«

Beim Kaffee sprechen sie auch über Gerhard. Er ist nur ein paar Mal nach Europa zurückgekommen. Er ist in ein Zehnjahresprojekt in Ottawa übernommen worden. Er lebt für die Physik und seine Karriere. Herta und Susanne bewundern ihn jetzt beide. Susanne endlich völlig neidlos. Sie sagt: »Hätte Vater das noch miterleben dürfen. Es hätte ihn so gefreut.«

Mitten in der zweiten Tasse Kaffee sagt Susanne: »Komm weiter, weiter. Ich bin ja so neugierig. Was gibt es noch?«

»Da gibt es noch die Bahá'í-Religion, die jüngste der Offenbarungsreligionen. Damit habe ich mich etwas ausführlicher beschäftigt. Sie fand ihren Anfang 1844 in Persien.« Sie greift wieder in ihre Tüte. »Hier siehst du, drei

Bücher[6] [7] [8] habe ich. Ich fasse, vielleicht unvollständig, mal zusammen, was ich verstanden habe. Gib mir mal ein Blatt Papier.
Man muss die Schöpfung als eine Einheit sehen; aufgebaut in Stufen. Schau, hier sind einige Stufen:

Die Seelen
- - - - - - -
Die Menschen
Die Tiere
Die Pflanzen
Das Mineral

Unten ist die Stufe des Minerals - Steine, Mineralien, Wasser usw. Darüber ist die zweite Stufe. Die Pflanzenwelt. Die dritte Stufe ist die der Tierwelt und die vierte Stufe ist die Menschenwelt. Jetzt ist es aber nicht zu Ende. Die fünfte Stufe ist die geistige Welt oder die Welt der Seele und darüber kommt Gott. Das alles gehört zusammen. Zwischen den Stufen findet ein ständiger Austausch statt. Sie sind voneinander abhängig. Die Pflanzen leben von der mineralischen Ebene. Die Tiere brauchen das auch. Sie leben von der minerali-

6 Abdu'l-Bahá: "Briefe und Botschaften"
7 "... und zu ihm kehren wir zurück"
8 Esslemont, J.E.: "Bahá'u'lláh und das neue Zeitalter"

schen und der Pflanzenwelt. Die Menschen leben durch Aufnahme von Elementen der ersten, zweiten und dritten Stufe. Wir können gar nicht ohne. So ist es im organischen Ablauf des Lebens festgelegt. Auf der Stufe der geistigen Welt, sind u.a. die Seelen der Verstorbenen.«

»Brauchen die uns?«

»Ja, das scheint so. Es gibt eine Beziehung zwischen den beiden Stufen. Ich komme noch drauf. Erst eine interessante hilfreiche Sicht. Der Mensch wird als Seele betrachtet, der für eine bestimmte Anzahl von Jahren einen Körper hat. Sie sagen also: Du bist eine Seele und hast einen Körper. Wenn du den Körper ablegst, geht das, was du wirklich bist, deine Identität, mit all deinen Erfahrungen weiter auf der nächsten Stufe, der geistigen Stufe, wo du nämlich hingehörst. Das meinte ja mein Pfarrer auch. So ist Sterben nur eine neue Geburt in die geistige Welt, d.h. in einen neuen Seinszustand. Diesen geistigen Seinszustand nennt man auch wohl Himmel. Aber das ist verwirrend, denn Himmel und Hölle kann man auch hier auf Erden erleben. Das sind Erfahrungszustände.«

»Wo ist die geistige Welt? Wie soll ich's Rabea sagen?«

»Warte, warte, nicht so eilig. Schau nochmal auf die Stufen. Da ist etwas Interessantes. Die erste Stufe weiß nichts von der zweiten, aber die zweite "weiß", was sie von der ersten braucht. Die Tiere wissen, welche Pflanzen gut für sie sind, und die Menschen verstehen viel von allen Stufen unter ihnen. Die oberen Stufen kennen sozusagen die unteren, aber die unteren nicht die oberen. So versteht ein Stein nichts von Pflanzen und eine Pflanze nichts vom Wesen des Tieres und das Tier wird nie das Wesen des Menschen verstehen. Menschen können denken, können Flugkörper in den Weltraum schicken, Computer mit großartigen Programmen entwickeln. Das Tier wird das nie verstehen. Genau so ist es mit dem Menschen, wenn er eine Aussage machen müsste über die geistige Welt, die Stufe über ihm. Die geistige Stufe, die seelische, versteht aber die menschliche Stufe, die Stufe unter ihr. Nun kommen wir Rabeas Frage näher. Wenn die Steine fragen würden: "Wo sind die Pflanzen?" Würden wir antworten: "Hier! Aber ihr habt keine Sinne sie wahrzunehmen". Würden die Pflanzen fragen: "Wo sind die Tiere?" Würden wir antworten: "Hier! Aber ihr habt keine Sinne dafür, sie wahrzunehmen". Würden die Tiere fragen: "Wo sind die Wesen, wovon ihr sagt, dass sie so großartig denken können und wie machen sie das?" Dann würden wir sagen: "Hier! Aber ihr habt keine Sinne, das wahrzunehmen und zu begreifen". Fragt nun Rabea: "Wo ist dann Emil?" Dann heißt es ...«

»Ja, ja,« unterbricht Susanne, »lass mich das mal selbst sagen: "Rabea, dein Bruder ist in der geistigen Welt und die geistige Welt ist hier. Wir haben keine Augen und Ohren, um diese Welt wahrzunehmen. Er hat ja keinen Körper mehr. Seinen Körper haben wir begraben. Auf dem Friedhof. Er selbst ist in der geistigen Welt. Er kann uns wahrnehmen und uns verstehen. Und er weiß auch, dass wir jetzt miteinander sprechen und er freut sich, dass wir lieb zueinander sind."«

Und mit einem Seufzer: »Das ist gut, das befriedigt mich. Was kann ich ihr noch sagen?«

Herta überlegt. Was würde sie selbst zu Rabea sagen? Dann fragt sie: »Weiß Rabea, wo die Kinder herkommen?«

»Ja sicher, wir haben schon früh darüber gesprochen, dass die Kinder im Mutterleib wachsen.«

»Na schön. Wie wäre es dann, wenn du in deiner eigenen Art erzählen würdest:

"Das Kind entwickelt sich im Mutterleib. Dafür

braucht es etwa neun Monate. Erst ist es ganz winzig klein, aber es wächst. Es entwickelt Hände, Füße, Augen, Ohren und alles, was es für diese Welt braucht. Wenn es fertig ist, wird es aus der Welt des Mutterleibes in diese Welt hineingeboren. Genauso ist es auch mit uns allen, hier auf Erden. Wir wachsen und entwickeln uns und wenn wir sterben, werden wir in die nächste, die geistige Welt, hineingeboren. Das ist eine Welt mit mehr Schönheit und Freude. So ist Sterben eine neue Geburt. Tod und Geburt sind dasselbe."
Kannst Du damit etwas anfangen?«
»Ja«, sagt Susanne und sieht sich schon mit Rabea auf dem Schoß in der Küche sitzen, »das sind gute Bausteine. Daraus lässt sich eine gute Erzählung machen, die für ein Kind wie Rabea geeignet ist.«
Herta hat weitergedacht und fügt hinzu: »Man kann über diese Dinge nur in Gleichnissen sprechen z.B. auch noch so:
"Körper und Seele verhalten sich wie Käfig und Vogel. Wenn der Käfig zerbricht, ist der Vogel frei. Wenn der Körper stirbt, ist die Seele frei. Und die Seele, das bist du selbst".«
»Und wie ist das nun mit der Reinkarnation? Man hört soviel davon?«
»Die Rückkehr in die materielle Welt gibt es

nicht. Darüber brauchst du dir keine Gedanken zu machen. Die nächste Stufe ist die geistige Stufe.«

»Etwas verstehe ich noch nicht. Wenn wir nun auch eine Seele sind, warum gibt es dann keine Kontaktmöglichkeit von uns aus?«

»Doch, die Möglichkeit gibt es. Die Bahá'í sagen, es gibt keine wirkliche Trennung. Wenn sie von Menschheit sprechen, dann meinen sie nicht nur die Menschen, die noch im Körper auf dieser Erde sind, sondern alle menschlichen Wesen, ob sie noch im Körper sind oder körperlos auf der nächsten, der geistigen Stufe sind. Geistige Gemeinschaft der einen mit der anderen ist beständig und unvermeidlich vorhanden. Im Gebet gibt es eine Verschmelzung der Stufe, eine Verschmelzung des Zustandes. Über das Gebet wird die Beziehung, die es ganz natürlich schon gibt, intensiviert.«

»Das ist schön, aber was nützt das Beten?«

»Das Beten, Bitten und Flehen zu Gott, er möge den Seelen ihre Fehler verzeihen und ihnen in ihrer Weiterentwicklung helfen, das ist das "Handelsgut" zwischen den beiden Stufen. Die Verstorbenen beten für uns und wir sollen für sie beten. Das habe ich auch in letzter Zeit erst verstanden. Ich habe noch nie so richtig für Hans und seine Weiterentwicklung gebetet. Das werde ich nachholen. Hast du noch einen Kaffee?«

»Warum brauchen die Seelen dann Weiterentwicklung? Wenn sie in der geistigen Welt sind, dann sind sie doch dort! Muss ich vielleicht annehmen, dass so ein reines Kind wie Emil – mein Gott, (sie greift sich an die Stirn) da fällt mir ein, dass wir ihn gar nicht getauft haben, – unterentwickelt dort angekommen ist, weil er noch so jung war?«

»Ich sage dir das, wenn ich erst meinen Kaffee in Ruhe trinken darf. Kannst du mal ein bisschen Licht machen?«

»Ujuj«, sagt Susanne, »es ist ja schon fünf Uhr. Ich muss ja noch kochen. Jürgen kommt um viertel nach sechs nach Hause. Aber die Antwort kannst du mir ja noch geben.«

»Die Menschen haben ihren Körper, weil sie sich (= ihre Seele) so in dieser Welt am besten entwickeln können. Entwickeln wir wenig geistige Qualitäten, die wir in der geistigen Welt brauchen, dann müssen wir sie dort entwickeln.«

»Was sind das für Qualitäten?«

»Das sind z.B. Geduld, Erbarmen, Mitleid, Toleranz, Vertrauenswürdigkeit, Gerechtigkeit, Zuverlässigkeit, Liebe, usw.

Unsere Fehlerhaftigkeit, unsere Trägheit, unsere Eigenwilligkeit, unsere Angst machen, dass wir immer wieder Chancen verpassen. Man könnte hier auch von Sündigen sprechen. Was man nicht entwickelt, hat man nicht. Was man mitnimmt in die geistige Welt, ist das Gute. Alles Gute, das du im Leben getan hast, wirst du dort sozusagen wiederfinden. Was du nicht entwickelt hast, gibt es halt nicht. Auch dort nicht. Du kannst ja, was nicht vorhanden ist, nicht mitnehmen. So ist die geistige Welt für die, die einigermaßen gut gelebt haben, eine "Welt" der Freude, der Leichtigkeit, mit mehr Licht und Freiheit von den Engen des Körpers.

So kommt jeder in gewissem Sinne unvollständig in die nächste Welt. Er braucht für seine Entwicklung Gottes Gnade und unsere Gebete. Aber solche Kinder wie Emil, und auch abgetriebene, totgeborene und geistig behinderte Kinder, sie alle stehen unter einem besonderen Schutz der göttlichen Gnade.«

»Das muss ich unbedingt Gerlinde sagen. Sie ist eine gute Bekannte von mir. Sie hat vor ungefähr einem Jahr eine Abtreibung vornehmen lassen. Sie hat schon zwei Kinder von dreizehn und fünfzehn. Sie ist alleinerziehende Mutter und wurde schwanger von einem

Mann, den sie nicht als Partner haben wollte. In den ersten Monaten nach ihrer Abtreibung ging es ihr auffallend gut. Sie sprach nie mehr darüber. Es schien so, als hätte dieser Eingriff nicht stattgefunden. Neulich sah sie so elend aus und verhielt sich so zurückhaltend. Als ich sie fragte, sagte sie:

»Als ich schwanger wurde, hatte ich nur einen Gedanken: "Ich will's weghaben." Als es weg war, fühlte ich mich befreit und wollte es vergessen. Das ging eine Zeitlang ganz gut. Jetzt bin ich so unruhig und kann nicht schlafen. Wenn ich mal schlafe, habe ich furchtbare Träume. Oft bin ich wütend auf Roy, von dem ich schwanger war und merkwürdigerweise auch auf das Kind, das da in mir wachsen wollte. Ich zweifle an der Richtigkeit meiner Entscheidung. Vielleicht hätte ich es doch annehmen sollen. Ich fühle mich trotz meiner beiden Kinder so einsam. Wenn ich abends allein bin, überkommt mich die Neigung, einen Gegenstand, egal was – eine Vase, einen zusammengeknüllten Mantel oder ein Kissen – als Kindersatz in den Arm zu nehmen. Mir wird immer bewusster, dass das "Es", das ich weghaben wollte, ja mein Kind war. Ich fühle mich so schuldig und möchte alles ungeschehen machen.«

»Gerlindes Offenheit und Vertrauen hat mich fasziniert. Deshalb habe ich jeden Satz so gut aufgenommen. Sie glaubt auch an Gott, das weiß ich. Es würde ihr bestimmt helfen, wenn ich ihr erzählte, dass auch abgetriebene Kinder unter einem besonderen Schutz der göttlichen Gnade stehen. Ich glaube, sie ist im Moment für jede Hilfestellung dankbar.«
Herta fühlt Zuneigung zu ihrer Tochter, die obwohl sie selbst noch leidet an dem Verlust ihres Sohnes, so sachlich, respektvoll sprechen kann über eine Freundin, die freiwillig abgetrieben hat. Sie fragt:
»Hat Gerlinde ihrem Kind einen Namen gegeben?«
»Wieso? Ist das wichtig?«
Herta blickt sie erstaunt an und sagt mit Nachdruck: »Sicher ist das wichtig. Stell dir vor, du hättest keinen Namen! Ohne Namen bist du namenlos, das ist gleich ein Niemand! Erst durch den Namen kann der Mensch erkannt und gerufen werden. Deshalb geben die Menschen auch den Tieren einen Namen.
Es ist auf jeden Fall für die innere Beziehung, das persönliche Verhältnis gesünder, wenn das Kind einen Namen hat, womit man es ansprechen kann, als nur von "meinem abgetriebenen Kind" zu sprechen. Du denkst ja auch

an Emil und sprichst ihn in deinen Selbstgesprächen und Gebeten auch so an.«
»Ja, dadurch ist er mir näher. Es ist intimer, als wenn ich nur "mein Kind" sage. Es ist, als ob Emil durch seinen Namen auch seine Identität hat. Er wird unverwechselbar.«
Herta hat wieder diesen in die Ferne schweifenden philosophischen Glanz in den Augen, als sie sagt:
»Durch den Namen wird das Kind über den Tod hinaus ein lebendiger Partner. Und das nicht nur für uns Menschen. Bei Lukas 10,20. kann man lesen, dass Jesus sagt: "Freuet Euch, dass Eure Namen in den Himmeln aufgeschrieben sind!"
Ein Name gibt den Dingen Leben und Bedeutung. Sie kommen uns näher; wir können uns mit ihnen vertraut machen. Sie verlieren ihren abstrakten und in vielen Fällen beängstigenden Einfluss auf unser Denken und unsere Phantasie. Verlor nicht Rumpelstilzchen seine magische Kraft, als die Königin seinen Namen kannte? Ja, Gerlinde soll ihrem Kind einen Namen geben. Dann löst sich Vieles – das Beten und das Trauern – aus dem jetzigen verschleierten, diffusen, oft sprachlosen Zustand. So ist es auch in anderen Lebensbereichen. Solange beispielsweise die Liebe zwi-

schen zwei Menschen keinen Namen hat, ist der Zustand beunruhigend, geheimnisvoll. Benennt man sie mit "Ich liebe dich", kann man darüber sprechen, damit umgehen lernen, und Pläne machen.«
Susanne will das Thema verlassen. Sie hat noch eine brennende Frage:
»Werden wir Emil, wenn wir sterben, wiedererkennen?«
»Ja, ohne Zweifel. Er uns auch!
Ich glaube, ich muss jetzt gehen«, sagt Herta müde. »Du musst kochen und ich bin müde.«
»Mutter, es war so ein schöner Nachmittag und ich bin so glücklich. Bleib doch zum Essen bei uns.«
»Ja, Omi, Omi bitte, bleib bei uns«, ruft Rabea mit ihrer klaren Kinderstimme. Sie hat den letzten Satz gerade noch mitbekommen. Sie war bei den Nachbarskindern gewesen.

Beim Abendessen erzählt Rabea in ihrer heiteren Art von den Spielen, die sie gemacht haben. Aber Jürgen, der ruhig beobachtend seinen Salat kaut, erkennt, dass die beiden – Herta und Susanne – nicht ganz da sind. Sie sehen so friedlich-müde aus. Susanne wird's ihm nachher bestimmt erzählen.
Als Rabea im Bett ist und Jürgen noch im ei-

genen Büro arbeitet, sieht Herta wieder die traurigen Augen und die schwach hängenden Schultern ihrer Tochter. Sie denkt: "*Wissen ist gut, und ohne Wissen kein Fortschritt, aber man kann viel schneller Neues verstehen, als alte Wunden heilen. Das braucht Zeit. Das richtige Wissen verkürzt zwar das Trauern, aber überschlagen kann man's nicht. Und das muss jeder doch alleine machen.*"

An dem Abend – Jürgen hat nicht viel gefragt, aber doch viel verstanden. Er gibt ihr soviel existentielle Ermutigung und Stütze ohne Worte – liegt sie mit offenen Augen im Bett. Sie sieht Emil vor sich und weiß die Antwort auf die Frage: "Wo ist Emil?" "Hier! Wir haben nur keine Sinne, ihn wahrzunehmen. Diese und die geistige Welt sind durch unsere Sinne voneinander getrennt. Er kann aber uns wahrnehmen."
Still geht sie nochmal raus und setzt sich im Wohnzimmer auf einen Stuhl. Zum ersten Mal betet sie:

> "O Gott, Du, der Du Deine eigene Stufe hast. Du hast die Schöpfung so wunderbar eingerichtet. Wie und was Du auch bist. Du hast dieses zarte Pflänzchen Emil mit Deiner gütigen Hand aus mei-

nem Garten genommen und ihn in Deinen gepflanzt, wo er nach Deinem Urteil besser gedeihen kann. Ich bitte Dich flehentlich, lass ihn wachsen in der Hand Deiner Liebe. Ziehe ihn näher an Dich heran, gebe ihm, was er braucht und mache ihn glücklich. ...und ich danke Dir auch noch für meine Mutter."

Danach hatte sie einen tiefen traumlosen Schlaf. Kurz vor dem Einschlafen war ihr noch bewusst geworden, dass Vater und Emil auch für sie beten.

Die Trauer und die Fröhlichkeit

Susanne führt seit Emils Tod ein Tagebuch. Sie hat auf Hertas Empfehlung hin einige Gespräche mit dem psychologischen Berater geführt. Sie sprachen über ihr persönliches Trauern und auch über das Trauern anderer Menschen. Ein paar Mal hat sie eine Selbsthilfegruppe für trauernde Mütter besucht. Der Schmerz ist milder, nicht mehr so schneidend, stechend. Sie stellt in der Selbsthilfegruppe mit Freude fest, wie weit sie durch die Gespräche mit Mutter schon gekommen ist. Auch ist es ihr klar geworden, dass Trauerarbeit – wie man den Prozess nennt – ohne die Anerkennung Gottes und ohne Annahme einer geistigen Stufe ein ziemlich armer Vorgang ist.

Übrigens, Herta ist ganz high! Sie macht ihr Studium der Individualpsychologie und das Training zur Beraterin. Sie hat ihr Ziel. Sie kann die Vergangenheit loslassen.
Susanne hält neue Erkenntnisse im Tagebuch – sie nennt es Wachstumsbuch – fest und manchmal ordnet sie da auch nur den Inhalt ihres Kopfes. Seit Emils Tod hat sie soviel gelernt, aber obwohl selten, kommen doch die alten Gefühle immer wieder hoch. Sie erlaubt

es sich dann, diese frei auszudrücken und sich darin ohne viel Widerstand fallenzulassen. Sie ist sich dann wohl dessen bewusst, dass sie auch sofort aufhören könnte, wenn sie stark sein wollte. Sie glaubt aber, dass es gut ist, so die Wunden zu heilen. Im Schluchzen merkt sie, dass ihre Brust wehtut und ihr Herz schmerzt.

Sie fragt sich, ob das für die Seele Emil gut ist, dass sie noch so trauert und schreibt dann wieder in ihr Wachstumsbuch.

»Ich muss mich mit diesem Prozess des Trauerns so lange intensiv auseinandersetzen bis ich wieder ganz frei bin für das Leben mit den lebenden Menschen. Ich glaube, den Verlust so zu integrieren. Ja sicher, ich will es nicht leugnen, ich weine mehr um mich als um ihn. Selbstmitleid habe ich. Verlustschmerzen habe ich. Ihm geht es gut, besser als er es hier je hätte haben können. Er hat seine Bestimmung. Ich muss lernen, loszulassen. Trauern, Abschied nehmen, Verzeihen, es kreist alles nur um den einen Begriff Loslassen. Ja, ich will geduldig sein und gelassen. Gelassen sein, heißt, ruhig sein im Angesicht der Angst. Es gibt keine gelassenen Menschen. Wer von vornherein gelassen erscheint, ist im Grunde eher gleichgültig. Ge-

lassenheit ist immer eine Leistung. Sie will situativ errungen werden. Immer aufs Neue! Das geht leichter in dem Maße, wie man seine Ansprüche, das eigene "So-und-nicht-anders-haben-wollen" weniger wichtig macht und geistiger wird. Geistig heißt dann: Weniger ich-bezogen. Oder auch: Mehr Interesse für andere Menschen und für die Geschehnisse dieser Welt. Nun ja, sozial veranlagt bin ich ja, obwohl ich viel Interesse für andere verloren habe; aber da komme ich wieder hin.«
Nach einer zeitlosen Pause, es könnte eine Stunde oder eine Minute gewesen sein, vertraut sie ihrem Wachstumsbuch an:
»Wenn ich so richtig traurig war, dann bin ich danach oft so fröhlich. Manchmal denke ich: "Ich spiele Theater. Ich mag es anderen gar nicht zeigen. Was würden die nicht denken."«

Sie bespricht es mit Herta. Sie sitzen jetzt in Hertas Wohnung. Sie hat ein kleineres Haus. Es gibt nur noch ein Foto von Hans an der Wand. Auch Fotos von Jürgen und Susanne, von Rabea und Emil. Andere Gegenstände, die an Hans erinnern könnten, gibt es nicht mehr. Sie hat ein schönes Schlaf-Arbeits-Zimmer. Mit einem Einzelbett. Überall atmet der Neubeginn. Am Ringfinger trägt sie einen silbernen Ring mit drei kleinen Diamanten. Den hat sie sich zum Neubeginn nach einer Farb- und Stilberatung geleistet. Die neue Farbenkombination ihrer Kleidung unterstützt ihre gute Ausstrahlung. Sie sitzt bei Tisch. Susanne in der Ecke des blau-rosaroten Sofas.

»Mutter, wie hast du das gemacht, als Vater gestorben war? Warst du auch wechselnd traurig und fröhlich? Ich hab' das nie bemerkt.«

Herta denkt: »Das wird wieder ein gutes Gespräch« und sagt: »Über Trauern weiß man erst etwas, wenn's vorbei ist.« Sie erinnert sich an die Zeit nach Hans' Tod und dann: »Ich habe die Zeit gehasst. Dieser soziale Druck! Die Menschen erwarten, dass man traurig ist, sich traurig verhält, sich traurig kleidet. Man muss traurig sein. Auch ich war oft unerklärlich fröhlich. Ich habe mich dafür geschämt. Ich bin froh, dass du das auch kennst. Traurigkeit und Fröhlichkeit sind zwei Pole einer Einheit. Sie gehören zusammen. Manchmal kamen Bekannte auf mich zu, mit einem sorgenvollen Gesicht, gaben mir die Hand und fragten mit einer schweren, von Mitleid getönten Stimme: "Und, Herta, wie geht es dir denn?" In der Tönung lag schon die erwartete Antwort! Ich sagte dann ausweichend:

"Ach, wie soll es einem unter diesen Umständen gehen". Aber am liebsten hätte ich die Hand fest gedrückt, der Person in die Augen gesehen und mit einem kleinen Zwinkern gesagt: "Es tut mir leid, aber mir geht's gut."
Im Trauern kann man lernen, unabhängiger zu werden. Wie oft habe ich nicht mein spontanes Verhalten korrigiert und gedacht: "Das kannst du doch nicht machen. Was werden die anderen denken." Ich werde beim nächsten Trauerfall keine schwarzen Kleider mehr tragen und keine traurige Miene haben, wenn es mir nicht danach ist. Der Tod gehört zum Leben. Er ist für den Verstorbenen eine neue Geburt. So ist der Tod eher ein Bote der Freude. Du, Susanne warst da schon unabhängiger. Du hast ja nicht schwarz getragen.«
»Doch, bei der Beerdigung. Aber du hast recht. Ich konnte das nicht einsehen. Einige haben mich darauf angesprochen. Ich hab' dann gesagt: "Schwarz steht mir nicht." Aber in Wirklichkeit habe ich mich gegen die Tradition gewehrt.«
»Ja, *Trauern ist eine Tradition und kulturell gebunden.* Es gibt Völker, die feiern das Ereignis der Beerdigung mit Musik und vergnügen sich. In wieder anderen Kulturen weint man unaufhörlich, schreit und schlägt sich auf

den Kopf. *Das ist kein natürliches, sondern ein erlerntes Verhalten.*
Die Zeit des Trauerns ist ein in uns ablaufender Vorgang, auch mit dem Ziel zu lernen, unabhängiger zu werden von den Meinungen der Menschen. Ja, es ist eine Zeit des Lernens. Es geht um das Ringen nach Antworten auf solche Fragen wie: Was ist passiert? Welches war mein Anteil? Was kann ich noch ändern? Was gibt es zu lernen fürs Leben, für den Umgang mit mir oder die Begegnung mit anderen? Gibt es etwas zu verzeihen? Dann wieder loslassen, loslassen, loslassen. Den anderen und sich selbst freisprechen.«
Susanne rutscht in die Mitte des Sofas, setzt sich nach vorne und lehnt die Ellbogen auf den Couchtisch. Das Kinn in den offenen Handflächen.
»Mutter, wie kann man sich selbst freisprechen? Manchmal denke ich, dass ich ja schuld bin an Emils Tod. War er nicht zu jung, um immer alleine in den Kindergarten zu gehen? Hätte ich ihn nicht begleiten müssen?«
»Ja, dann hätte der Lastwagen dich von hinten erfasst und beide Kinder hätten keine Mutter mehr gehabt. Nein, nein, man muss ja auch nicht jeden Gedanken hegen. Ich hab mir so lange Vorwürfe gemacht über mein

Verhalten in unserer Ehe. Aber einmal muss es vorbei sein. Nicht mehr daran denken, muss auch geübt werden. Das ist eine wichtige Fähigkeit. Einmal ist Schluss. Man muss auch mal vergessen. Vielleicht helfen dir folgende Gedanken.

Die Könige, die Herrscher, die ein feindliches Land besiegt hatten, bekamen dadurch nicht nur Land und Reichtümer in ihren Besitz, sondern auch die Bewohner, die von den eigenen Herrschern zu Feinden gemacht worden waren. Soldaten brauchen Feinde, um bereit zu werden zu kämpfen und zu töten. Diese Feindschaft, auf Vorurteilen aufgebaut, sind vor und in Kriegszeiten in den Herzen und Köpfen der Menschen. Nach der Einverleibung neuer Staaten und Völker mussten auch die Erzfeinde zu einem neuen, friedlichen Volk zusammenwachsen. Das brauchte Zeit. Die Herrscher verknüpften darum ihre Kapitulations- oder Friedensverträge mit einer Amnestieklausel. So eine Amnestieklausel bedeutete nichts anderes als: "Ende der Feindschaft, Ende der Diskriminierung." Wer die alte Feindschaft jetzt weiterführte, wurde auf Grund der Amnestieklausel bestraft. Es hieß im Grunde: "Jetzt ist es genug gewesen. Jetzt ist es aus." Es war ein Zwang zum Vergessen.

Man kann also mit Recht sagen – ich glaube die Aussage kommt von Immanuel Kant – "Ein Friedensvertrag ohne eine Amnestieklausel ist kein Friedensvertrag". In dem Umgang mit dir selbst ist es nicht anders. Willst du Frieden mit dir schließen, dann begnadige dich selbst! Entscheide dich: "Es ist vorbei! Es ist verjährt! Ich spreche mich frei!" Dann kannst du vergessen. Vergessen heißt: "Nicht erinnern!" Das ist Amnestie!«

»Du bist eine weise Mutter. Ich bin allmählich soweit, dass ich mich amnestieren kann.«

»Du bist meine beste Schülerin und Klientin. Ich hoffe, dass ich als psychologische Beraterin viele Klienten haben werde, denen ich so gut helfen kann wie dir.«

Die beiden schauen sich vertrauensvoll an und erleben den Reichtum einer Beziehung ohne Spannung und ohne Geheimnisse. Susanne denkt, als sie so auf ihre Mutter schaut: »Die ist jünger geworden. Die findet bestimmt noch einmal einen Mann.« Dann ist sie wieder bei Emil.

»Gibt es noch etwas?« fragt Herta. Einen Augenblick leuchten Susannes Augen auf. Sie fühlt sich ertappt. Dann ist sie wieder ernst und sagt: »Ich frag dich mal, obwohl ich die Antwort wohl weiß. Was soll ich mit Emils Sachen machen? Oh, ich spüre Angst vor deiner Antwort!«

»Wenn du die Antwort kennst, dann sag's mal.«

»Das Zimmer leerräumen, die Sachen wegschenken. Dem Zimmer eine völlig andere Bestimmung geben. Meinst du auch, dass das richtig ist?«

»Völlig richtig! Kann ich dir helfen?«

»Nein, ich hab genug Freundinnen, die diese Sachen haben wollen. Obwohl, wenn ich's mir recht überlege, ein Heim für Kinder, das ist die richtige Adresse. Ich spreche heute noch mit Jürgen darüber. Dann richten wir das Zimmer, das ja größer ist als Rabeas, neu ein, nachdem wir es frisch tapeziert haben. Dann hat Rabea mehr Platz und mehr Sonne. Die Angst ist weg und ich spüre Leichtigkeit – ich spüre Neubeginn.«

»Susanne, es tut so gut, die Vergangenheit zu lassen, abzuschließen, sich und andere freizusprechen und neue Ziele zu verfolgen. Du siehst ja, wie gut es mir geht. Ich denke ohne Trauer an Hans und Emil.«

»Mutter, ich sehe die beiden immer noch in zwei verschiedenen "Welten", Vater als krank und Emil als ruhiges, etwas einsames Kind.«

»Das ist ein Produkt deiner Vorstellungskraft.

Du kannst es auch anders sehen, es dir anders vorstellen.«
»Wie?«
»Vater ist ja nicht mehr krank. Er ist frei von den Störungen des Körpers und auch Emil ist unbekümmert.
Stell dir mal eine schöne Landschaft vor, mit einer aufgehenden Sonne am Horizont. Vater und Emil gehen Hand in Hand – du schaust ihnen auf den Rücken – ruhig und zufrieden der Sonne entgegen. Emil fühlt sich wohl und sicher geborgen bei seinem Opa. Vater freut sich, sein Enkelkind bei sich zu haben und er wird gut für Emil sorgen.«
Es ist still. Susanne hat einen friedlichen Ausdruck auf dem Gesicht. Ja, mit dieser Vorstellung kann sie gut leben.

Danksagung

Für den liebevollen geduldigen Beistand, für die befruchtenden Gespräche und die hilfreichen Gedankenanstöße danke ich Julitta, meiner Frau.

Für die Durchsicht des Manuskriptes und die Verbesserungsvorschläge danke ich Dr. med. Elke Pollak.

Literatur

1) Schoenaker, Theo: *"Mut tut gut"*
RDI-Verlag, Sinntal-Züntersbach 1999
2) Kübler-Ross, E.:
"Interviews mit Sterbenden"
Gütersloh 1996
3) Moody, R.A.: *"Leben nach dem Tod"*
Rowohlt 1977
4) Osis, K. und Haraldsson, E.:
"Der Tod - ein neuer Anfang"
Freiburg i.B. 1989
5) Ghai, O.P.: *"Einheit in der Vielfalt"*
Bahá'í-Verlag, Hofheim-Langenhain 1999
6) Abdu'l-Bahá: *"Briefe und Botschaften"*
Bahá'í-Verlag, Hofheim-Langenhain 1992
7) *"... und zu ihm kehren wir zurück"*
Bahá'í-Verlag, Hofheim-Langenhain 1999
8) Esslemont, J.E.:
"Bahá'u'lláh und das neue Zeitalter"
Bahá'í-Verlag, Hofheim-Langenhain 1976

Für Beratungen und/oder Vorträge zu diesem Thema, wenden sie sich an:

Adler-Dreikurs-Institut
Theo und Julitta Schoenaker
Rudolf-Dreikurs-Weg 4-6
36391 Sinntal-Züntersbach
Tel.: 09741-3130 Fax: 09741-1281
eMail: Dreikurs.Institut@T-online.de
Internet: www.Adler-Dreikurs.de

Über den Autor

Theo Schoenaker, geboren 1932, Individualpsychologischer Berater und Logopäde, ist Begründer und Leiter des Adler-Dreikurs-Institutes für soziale Gleichwertigkeit in Sinntal bei Fulda. Er entwickelte die individualpsychologische Sozialtherapie und das weitverbreitete Encouraging-Training.
Seine 35jährige Erfahrung in Individualpsychologischer Beratung und Sozialtherapie ließen ihn unter anderem das Thema Loslassen - ein zentrales Thema eines jeden Menschen - behandeln. Er gehört der Bahá'í-Religion an und hat sich neben seinem psychologischen Studium auch mit den verschiedenen Religionen auseinandergesetzt. Er ist ein im In-und Ausland gern gehörter Redner und ein erfolgreicher Autor.

Theo Schoenaker

Sich als Eltern gut fühlen

-Ein Brief-

RDI-Verlag

120 Seiten. Broschur.
ISBN 3-932708-04-0

Der Autor öffnet hier ein Gebiet, das in der Erziehungsliteratur noch viel zu wenig Beachtung fand: Die Psychohygiene der Eltern. Wie kann man sich in der heutigen Zeit als Eltern gut fühlen?
Er schreibt einen freundschaftlichen Brief in der Du-Form und beantwortet Fragen einer Klientin zu dieser Thematik mit viel Liebe, Achtung, Verständnis.
Sein Stil ist ermutigend, seine Perspektiven sind hoffnungserweckend, seine Anleitungen sind praxisorientiert.

267 Seiten. Broschur.
ISBN 3-932708-06-7

Theo Schoenaker zeigt in diesem Buch, wie die systematische Entwicklung eines eigenständigen, selbstbewussten Mutes ungeahnte Fähigkeiten in uns zum Vorschein kommen lässt. Alle Voraussetzungen für unser Glück sind in uns angelegt. Der Schlüssel, um diese in sich selbst zu entdecken und hervortreten zu lassen, liegt in der Veredelung unserer Zentralfähigkeit: MUT

Nach diesem Bestseller weiß man, dass Lebensmut nicht ein Privileg ist, das einigen wenigen Glücklichen in den Schoß gelegt wurde, sondern das Ergebnis eines ganz bestimmten bewussten Umgangs mit sich selbst.